我们一起解决问题

PPT演讲力

重要时刻，不要输在表达上

Sophie ◎ 著

人民邮电出版社

北　京

图书在版编目（CIP）数据

PPT演讲力：重要时刻，不要输在表达上 / Sophie
著. -- 北京：人民邮电出版社，2021.1
ISBN 978-7-115-55228-0

Ⅰ.①P… Ⅱ.①S… Ⅲ.①演讲－语言艺术②图形软件 Ⅳ.①H019②TP391.412

中国版本图书馆CIP数据核字(2020)第214452号

内容提要

　　在工作中，我们不仅要有实力，还要善于展示自己的实力，所以在人生的重要时刻，不能输在表达上。

　　本书以PPT演讲大树法则的五个维度为基础，针对工作汇报、求职面试、销售演示、融资路演及发布会、线上线下培训课程等场景，介绍了36个PPT演讲的实战技巧，包括如何给观众画像、如何设计演讲的逻辑结构、如何开场、如何结尾等，使读者可以通过刻意练习，掌控PPT演讲的全流程，针对各类演讲场景，找到适合的应对方法和案例参考。

　　本书是毕业求职的学生、企事业单位职员、培训师等提升自身PPT演讲力的实战指南。

◆ 　著　　　Sophie
　　责任编辑　王飞龙
　　责任印制　彭志环

◆ **人民邮电出版社出版发行**　　北京市丰台区成寿寺路11号
　邮编 100164　电子邮件 315@ptpress.com.cn
　网址 https://www.ptpress.com.cn

北京九州迅驰传媒文化有限公司印刷

◆ 开本：880×1230　1/32
　印张：7.25　　　　　　　　　2021年1月第1版
　字数：200千字　　　　　　　2025年11月北京第40次印刷

定　价：59.00元

读者服务热线：（010）81055656　印装质量热线：（010）81055316
反盗版热线：（010）81055315

前言

你能做多好的 PPT、多棒的演讲，不是由这个 PPT 演讲决定的，而是由你的能量决定的，你的 PPT 演讲中的内容就是你过往所有的人生阅历和智慧沉淀，里面藏着你读过的书、去过的地方、遇见的人……

——Sophie

你的每一次 PPT 演讲，都是个人品牌的一次路演

请回忆一下，你是不是每次接到 PPT 演讲的任务都感觉像是"摊上大事了"？其实这正是你展示实力的好机会，比如每一次的 PPT 工作汇报都是天大的机会，而不仅仅是一项工作任务，同事、老板花时间专门听你讲，你要借用 PPT 演讲营销自己，让领导看到你的价值。

再比如你在销售谈判中的 PPT 演说，这是你在谈判结束前对客户施加影响的最后机会，也是你在行业圈子里树立个人品牌的过程，一旦你给客户留下了靠谱、能搞定问题的印象，各种机会和运气会源源不断，很多人都是通过这种方式积累客户、形成口碑，最终升职加薪、华丽跳槽或成功创业的。

而一家公司每年最大的市场营销活动或者公关活动，就是创始人做 PPT 演讲，比如乔布斯的苹果发布会 PPT 演讲，雷军的小米发布会 PPT 演讲，罗振宇的知识发布会 PPT 演讲，等等。

汇报 +PPT 演讲 = 升职加薪

销售 +PPT 演讲 = 订单成交

CEO+PPT 演讲 = 路演 = 发布会 = 招商会

知识 +PPT 演讲 = 培训师 = 知识 IP

……

所以，你的每一次 PPT 演讲，都是个人品牌的一次路演。从进入职场的第一天，你就要开始打造个人品牌。职场上有太多能力、实力差不多的人，仅仅是因为 PPT 演讲能力的差异，就拉开了事业上的距离。比如年底输给别人更好的工作汇报 PPT 演讲，融资输给别人更好的商业计划书 PPT 演讲，投标输给别人更好的产品方案 PPT 演讲……有实力是一方面，让别人看到你的实力是另一方面。真正有实力的人都会注重自己的 PPT 演讲力。

在学员眼中，我是一个非常会教的老师，我的线下课程和我创立的PPT 演讲秀刻意练习平台可以完全改变一个人的演讲状态，我曾经帮助一位一上台就打哆嗦、几次竞聘职称失败的女科学家，通过竞聘 PPT 演讲成功被评中科院研究员（正高级）；我曾经帮助全职妈妈，通过高考志愿填报指导会上的 PPT 演讲，在留学项目创业的第二个月就达到 30 万营业额；我曾经帮助在公司默默无闻地工作 12 年没有升职的打工妹，通过年终总结 PPT 演讲，连升三级，瞬间成为职场明星，老板拍桌子称赞，还把学费都给她报销了……

这本书是我 7 年 50 余场口碑线下课程的精华延伸，独创的 PPT 演讲大树模型，可以让你掌握 PPT 演讲全流程，让你在几乎所有场景下，都能找到一学就会、马上就能用的应对技巧和案例参考。这是一本没有废话、没有说教，有信心让你一口气看完，学完之后想要迫不及待去动手、动口实践一把的 PPT 演讲教科书。

阅读本书，你将获得什么

自信力提升	从容驾驭舞台，从害怕演讲到热爱演讲。
说服力提升	PPT演讲是一个非常好的说服工具。当你想要说服别人**去做一件事情**，或者**说服别人去相信一个观点**时，你就应该想到用PPT演讲这种方式来实现自己的目标。
领导力提升	让别人**快速认识你、相信你**，愿意追随你。
影响力提升	把观众变成粉丝，让自己成为自带流量的影响力中心。

本书适合谁读

白领	经常需要**工作汇报、求职面试**等，想要提高印象分，拿到年终奖。
老板	经常需要面对**员工、代理商讲话、激励士气**，却发现方法不管用、对方不爱听。
创业者	经常需要**分享产品和项目**，要想办法展示优势、吸引投资，以免错失良机。
学生	**竞选、毕业设计答辩**，他们未来在职场上应用PPT演讲的频次和效用绝对超过英语和专业课。

感谢你购买《PPT 演讲力》，也感谢你购买了这本书又将它推荐给你的朋友，我想最好的关系，就是和他 / 她一起进步吧。

那么，现在就开始 PPT 演讲吧！

目录

第四章

果——最大化 PPT 演讲的影响力

引言
PPT

PPT 演讲的
大树模型

干——主题

如果把 PPT 演讲比作一棵大树，那么树干就是主题，如果你发现观众根本没兴趣听你的演讲，其实就是你没有选择与观众目前自身利益相关，或者跟观众未来的人生奋斗相关的话题。

马云在阿里 20 周年庆典中的演讲，就是围绕观众来做的，现场有阿里员工、各路媒体等，所以他讲"不仅工作好，也要玩好、会生活"，是为了给员工鼓励，让员工觉得跟着这样的老板、公司工作很有意义；他讲"好公司是担当、是责任、是善良"，是让媒体传播阿里的愿景。

对于 PPT 演讲的主题部分，我会教你如何从"观众画像"分析，找到一个让大家都非常渴望看到、渴望学习的主题，从而更容易地整理演讲思路。

枝——逻辑

这里的树枝是指演讲的逻辑。如果你发现观众根本听不懂你的演讲，或者听懂了但是觉得你很啰唆，讲了很多跟主题没关系的内容，其实就是你的演讲没有逻辑。

重庆卫视有一档节目叫《书记晒文旅》，就是记录各区（县）区委或县委书记的 8 分钟演讲，为自己的城市做宣传。8 分钟把一个城市的古往今来、方方面面都介绍清楚很难，但是奉节县县委书记杨树海的演讲逻辑，我就很钦佩。

一开场，他翻开新华字典找到"夔"（kuí）字——特指奉节，他就从一个"夔"字讲起，这个字由首、止、巳、八、文五个字组成。

三峡之**"首"**：三峡的起点白帝城就在奉节……

高山仰**"止"**：奉节有三峡之巅——夔门，中华山水第一门……

万物成**"巳"**：奉节优越的自然气候，孕育出中华名果——奉节脐橙……

秋兴**"八"**首：奉节是中华诗城……

厚重人**"文"**：夔州文化可以上溯到 13 万年前……

我以前从没听说过奉节这个地方，但听完这个演讲就对它再难忘记了，想马上就去，这个宣传做得太厉害了。

在树枝逻辑部分，我会教你三个通用逻辑，和八个定制逻辑，让你说服力倍增。

叶——讲好故事

树叶就是你要讲的故事，如果你发现记不住稿子，很大程度上都是因为你在讲道理，没在讲故事。曾有学员找我说："Sophie 老师，我都背了好几遍稿子了，还是记不住，怎么办？"她是公司总经理，要上台代表员工在公司 20 周年庆大会上致辞。我看了她的稿子，确实不好背，为什么呢？演讲稿中全都是假、大、空的套话，如"衷心地感谢""诚挚地问候""披荆斩棘，风雨同舟"，没故事。没故事你就记不住演讲的内容，记不住就只能念稿。

李敖在北京大学演讲时说："今天来演讲，我没带稿子，演讲不能用稿子，用稿子表示自己记不住，如果演讲者自己都记不住，你怎么能指望观众记住？这样演讲就失败了。"说完，为了证明自己的"清白"，李敖故意扯开自己的西装大衣说："大家看啊，没有稿子，也没有小抄。"台下响起一片笑声、掌声。

其实这位找我的学员在公司工作了 8 年，从一个普通的人力资源部职员转为业务销售，现任总经理，非常厉害，但这样的经历、故事她就是讲不出来。其实，她完全可以找出三个关键词，如"感恩""坚持""超越"，再用这三个关键词把故事串联起来，比如"如果说今天我取得了一些成绩，那么就取决于三个关键词：感恩、坚持和超越"，接着讲一个感恩的故事，一个坚持的故事，一个超越的故事。乔布斯在斯坦福大学的演讲中，也是用三个关键词"点滴成串""爱和损失""面对死亡"，将整个演讲串联起来的。

在故事部分，我会把我通过服务近万名学员而总结出来的 HIT 大法传授给你，也就是有幽默感（Humor）、有画面感（Image）、有转折（Turn），全面升级你的故事思维。

果——传播力与影响力

果是指 PPT 演讲的传播力与影响力。如果你发现你讲了跟没讲一个样，其实就是因为你没有影响观众去行动、去改变、去传播。

比如，讲课结束后，我会引导学员做"312"动作，即鼓励学员总结 3 个收获、列出 1 件立刻回去要做的事情、2 位同学彼此进行分享、激励（击掌或拥抱）、监督，让学员在思想或行为上有所变化。

根——能量

树根是指你演讲时的能量。演讲本身就是一种能量的传递，但是注意这里的能量不是"打鸡血"。你能做多好的 PPT、多棒的演讲，不是由这个 PPT 演讲决定的，而是由你的能量决定的，你的 PPT 演讲中的内容就是你过往所有的人生阅历和智慧沉淀，里面藏着你读过的书、去

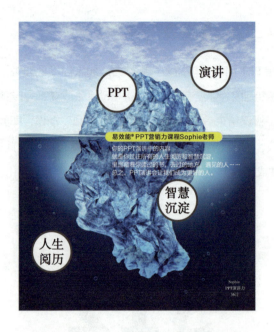

过的地方、遇见的人……

总之，以下五点合起来，就是提升你 PPT 演讲力的大树模型。

干——主题，让观众愿意听。

枝——逻辑，让观众听得懂。

叶——故事，让观众记得住。

果——影响，让观众有行动。

根——能量，让观众有启发。

这也是本书的基本架构。这套方法与模式不只是用于提升演讲能力和效果，写文章也如此，一通皆通，我们完全可以把它称为——输出基本法。

留个作业：对照大树模型，观看并拆解分析 CCTV1《开讲啦》节目中张双南的演讲"我们为什么缺少科学精神？"。

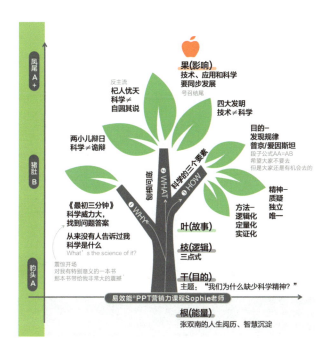

第一章

PPT

干——准确定位
PPT 演讲的主题

带着观众去准备，带着目标去演讲

我曾经问学员："当你有了一个 PPT 演讲的机会，第一步要做什么？"有回答打开电脑的，有回答找 PPT 模板的，有回答写演讲稿的……但就是没有人回答到我想要的点，也就是最容易被忽略却最应该被重视的第 1 步——定主题。

那怎么定主题呢？

请注意，不是你随便讲什么，观众都爱听。PPT 的主题要满足三个要求：观众想听的、你想说的、场合需要的。

为了满足这三个要求，我们需要带着观众去准备，带着目标去演讲。

演讲者在演讲之前，不是凭空想象自己应该讲什么，而是借助观众画像，在清楚地了解观众是谁的基础上去设计自己的演讲。2000 多年前，古希腊哲学家亚里士多德就说过："观众是演讲的唯一目的和目标，再强调一百遍也不为过。"

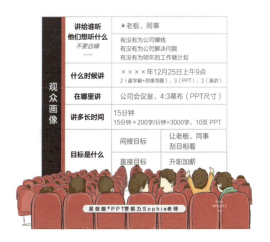

观众画像：讲给谁听？他们想听什么？（不要自嗨）

例如，年终总结通常使用的标题是"××××年工作总结"，这种标题就是一句"有道理的废话"。你可以为老板想想，如果员工张三、李四的标题全都是"××××年工作总结"，那么这对老板来说是无感的。

所以你要明确老板想听的是什么。其实，老板无非想在总结中听到以下三点。

一是你有没有给公司赚钱。

二是你在工作中遇到的困难和采取的解决办法。

公司花钱请你来是来解决问题的，你有小本事就解决小问题，你有大本事就解决大问题。

三是你对未来工作的具体目标和措施。

如果员工抱着"做一天和尚撞一天钟"的想法，混日子、想跳槽、等退休，那么这一点讲起来就会很模糊。

回到上面的例子，假如你是市场推广或销售人员，你完全可以把 PPT 的封面主标题改成"××××年如何把业绩做到 1000 万元"！

如果你是老板，你看到这样的标题开不开心？有 10 个这样的员工，"小目标"1 亿元就实现了。"××××年工作总结"作为副标题可以放在主标题的下面，这也就是"双标原则"，主标题搞事情（吸眼球），副标题说事情。

因此，从观众的角度出发，分析观众的需求点，才能一针见血地说到观众的心坎上。

观众画像：什么时候讲

截止日期是第一生产力。知道什么时候演讲，就知道怎样分配准备时间，避免拖延。我的经验是把时间分配比例定为 2∶3∶2。例如，得到公司通知，要在 12 月 25 日上午 9 时做年终总结，我们至少要提前一周开始准备，用 2 天时间写逐字稿和画思维导图，用 3 天时间设计PPT，用 2 天时间演练演讲。

观众画像：在哪里讲

演讲者最好提前到场地测试。各种场地的屏幕不同，对 PPT 的尺寸要求也不同。例如，在公司会议室做年终总结汇报，投影是 4∶3 的幕布，PPT 的尺寸也需要是 4∶3，用软件的默认尺寸 16∶9 就会变形或者上下有黑边，不好看。

演讲时，是用自己的电脑还是用别人的电脑播放 PPT？最好是用自己的电脑，如果必须使用别人的电脑，就要了解别人电脑的 PPT 软件版本。我们推荐学员安装最新版本的 Office 365，但现在很多人的电脑装的还是 Office 2003，所以最好 PPTX 和 PPT 格式各存一份，PPT 格式用于较低版本的软件。另外，如果不用自己的电脑连接投影设备，PPT 中的特殊字体就会丢失，从而影响画面的设计格调。避免丢失字体的方法有很多，最稳妥的方法是将字体随 PPT 一起拷贝，提前给投影电脑安装所需要的字体。

另外，还应把 PPT 从头到尾播放一遍，包括其中的视频文件；用话筒说上几句话，看看是否有声音；翻页笔也要试，基本上我都自带一个翻页笔，不仅用起来顺手，也会让演讲自信很多；再看看电脑的投影接口和现场投影仪接口是否一致，一般我会随身携带 HDMI 转 VGA 接口的转接线。

越是重要的演讲，以上的场地测试流程越不能省。

场地测试内容总结如下。

- ☐ 屏幕尺寸
- ☐ 播放电脑
- ☐ PPT 版本
- ☐ 特殊字体
- ☐ 投影接口
- ☐ PPT 播放
- ☐ 视频播放
- ☐ 话筒声音
- ☐ 翻页笔

观众画像：讲多长时间

假如公司给每个人年终总结的时间为 15 分钟，15 分钟 × 200 字 / 分钟 =3000 字，那么你可以准备 3000 字的逐字稿。写稿不是背稿，而是 Re 稿，即 Rehearsal（排练）的简称。背稿很容易背着背着就卡在一两个词上，就像背课文一样，一处想不起来，后面的内容就全堵住了。

不去死记硬背，才能从根本上防止忘词。也就是说，不要求每次说得都一样，参考逐字稿和思维导图，按照本书第六章的"写稿？背稿？念稿？六步准备高光演讲"能把舌头捋顺，就算是成功的演讲了。

观众画像：目标是什么

只有满足了观众的需求，演讲者才能达成自己的目标。如果没有明确自己的演讲目标，演讲者很容易漫无边际地乱讲一通，观众也不知所云。演讲者需要把演讲的目标写下来，越具体越好，越具体，实现的可能性就越高。

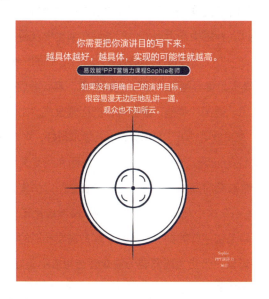

我发现很多学员只明确了间接目标，比如在代理商大会的演讲中，把目标定为让代理商对公司有信心，并且知道公司的战略方向。这还不够，一定还要明确直接目标——推进代理商年底订货冲销量。如果你的代理商年底能压货冲销量，说明你的演讲肯定已经达成了间接目标，即让代理商对公司有信心，并且知道公司的战略方向。

再比如，罗振宇跨年演讲的直接目标就是让听众购买得到 App 上的付费知识商品，其间接目标是教大家一些有用的知识。

选定演讲主题的三个标准

标准一：利他

上文中我们所讲的"××××年如何把业绩做到 1000 万元"的标题就符合演讲主题的"利他"标准，即把你的演讲目标转换成观众的利益，也就是一开始就在标题中告诉观众他们能够在演讲中获得什么好处。再举个例子，我有一位学员在青少年培训机构工作，她的一个 PPT 课件一开始起名叫"美式思维导图气泡图"，可以想象，家长看后估计会琢磨半天这是什么意思。遵循"利他"的标准，把标题改成"如何让孩子的学习效率倍增"，家长就更想听了！所以说，标题取得好，观众不会少。

观众最关注的问题只有一个："你讲的东西和我有关系吗？如果没有关系，我干嘛浪费时间？"李佳琦直播带货之所以厉害，就是解决了"和我有什么关系"这个观众最关注的问题，按照应用场景去介绍产品的卖点，而不是无聊地背数据、背参数。客户需要知道的不是产品，而是产品的使用场景。带货主播需要为观众营造想象中美好的生活方式，即场景化地表达卖点。比如"失恋的时候涂这个颜色，获得新生""参加前男友婚礼，就涂这个色，霸气"……李佳琦还总结出了第一次相亲涂什么颜色的口红、见未来婆婆涂什么颜色的口红……由此客户就能联想代入，产生消费冲动。

再比如，你卖电脑，跟顾客说这款电脑装有英特尔酷睿双核处理器，顾客可能会想："这和我有什么关系？"但如果你说："拥有该处理器的电脑就相当于有两个大脑，速度快一倍，你可以一边看某一集电视剧，一边在电脑后台下载下一集，不会卡，等你这集看完了，接着看下集，无需等待。"这样顾客就会觉得："哇，这个好，赶紧买回家刷剧。"

因此，有效提炼卖点的公式就是：

卖点 = 产品特点 + 产品优点 + 用户利益（场景化地表达出产品与用户之间的关系）

产品特点就是你的产品有，其他产品没有，或者你的产品在某方面明显超过其他产品的规格、工艺等。

例如，某款电热毯，其产品特点是双螺旋发热线。

产品优点就是产品特点具有的功能和效果。

例如，某款电热毯的产品优点是拥有双螺旋发热线，绝缘耐用。

用户利益就是产品优点给客户带来的好处。这是客户购买产品时最关注的一点。

例如，某款电热毯的产品优点是拥有双螺旋发热线，绝缘耐用，宝宝尿床也不会有任何的危险。

下面以白加黑感冒片为例。

产品特点：白加黑感冒片，白片黑片分开服。

产品优点：白天吃白片不瞌睡，晚上吃黑片睡得香。

用户利益：让你工作、睡觉两不误，就像没感冒一样。

这三者的逻辑顺序就是：因为产品有某某特点，所以产品有某某优点，从而对客户有某某利益。

标准二：要有结论

很多人的 PPT 页面标题经常就是"项目完成进度表""产品销量情况"……PPT 的背景是什么？具体情况如何？观众对此根本不知道，还要猜！所以 PPT 的标题要有结论，要让观众瞬间知道你的 PPT 要讲述的内容。

在这里我给大家介绍一个小诀窍，一般有谓语动词的标题都是有结论的，比如：

项目完成进度表→已完成全年项目的 **65%**

产品销量情况→产品销量增加 **30%**

标准三：引人瞩目

在新媒体行业，标题决定打开率，内容决定转发率。这里我先给大家介绍两种标题类型：观点型和热点型。后面陆续还会讲到另外三种标题类型：问题型、数字型和金句型。

1. 观点型

直接表明你的态度。

比如：

"婚姻不是爱情的坟墓，不爱才是"；

"我把你当朋友，你却只想收我的份子钱！"；

······

面对这样的标题，反对你的观点的人会点开看看吐槽两句，同意你的观点的人也会点开看看捧捧场，没观点的人还会进来看看学习一下。

2. 热点型

热点是短时间内流量最大的入口，不可不"蹭"，也就是要借势营销。例如，我曾经做过的一套 PPT 的标题为"你是否赞成'996'工作制"，就是蹭了"996"的热点。

取好标题之后，一定要换位思考一下：如果我是观众，我会很想听这个演讲吗？或者我会很想看这篇文章吗？如果自己都不想，客户就更不想，此时应马上换标题！

让演讲充满新意——演讲者都是"总裁"，总是别出心裁的人

很多学员的 PPT 演讲看起来没什么大毛病，但是就是四个字：毫无特色。怎么办呢？

我总结提炼了演讲创新的极简公式：ABA+。

其中：

A 为提出观点；

B 为用举例、数字、故事证明观点；

A+ 为升级观点。

这个极简公式其实包含了三个公式，即 AB——总分、BA——分总、ABA+——总分总。A+ 参考点题结尾，开头与结尾的观点不是简单的重复，观点 A+ 是对观点 A 的升华。知道了这个公式，我们再来看如何做演讲"总裁"。

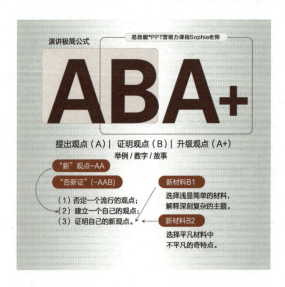

"新"观点（-AA）

观众总是"喜新厌旧"，所以演讲者要讲别人不知道的"新"观点。"新"从哪儿来？横看成岭侧成峰，横看、侧看，乃至倒过来看观点，就会有新意。

例如，"人生就像马拉松"这个观点大家都知道，听起来没什么意思。我们可以借用这老观点，思考出新观点："人生不是一个人的百米跑，也不是马拉松，更像是几代人的接力赛。你的接力棒是从父母手中接过来的，你可能并不领先，甚至还可能落后，你该怎么办？弃跑？不！你只能十倍、百倍地奋力奔跑，才能给你的下一棒（你的孩子）更多优势或更少压力。就像《红岩》里的革命英雄们'为了免除下一代的苦难，我们愿——愿把这牢底坐穿！'个人、家庭、国家的进步都是如此。"这就是横看老观点，因为有些老观点看得不够长远，一旦你看得更远，就有了新意。

再比如，自媒体作者闻敬写过一篇很有意思的文章，文章中说道："一位朋友大骂儿子不争气，被逼得直掉眼泪的儿子愤怒地反问她：在我的同学里面，有人的妈妈是教授，有人的妈妈是科学家，有人的妈妈是总经理，你呢？你不就是一个普通职员吗？你为什么不努力工作，去拼命一下？……就像每一个做父母的都望子成龙、望女成凤一样，每一个孩子也都在望父成龙、望母成凤。"

这个新观点一下就惊艳到我了。"望子成龙、望女成凤"的观点大家都知道，将其反过来看，每一个孩子也都在"望父成龙、望母成凤"，最好的教育就是父母成为最好的榜样，"总裁"也！

新观点就是从 -A 到 A，你只要学会一个关键句式"不是……而是……"就能搞定。

"不是"后面的是老观点，"而是"后面的是新观点。值得注意的是，这个句式的重点不在前面，而在后面。这样简单的句式，就能让你的演讲有新观点。

比如：

不是实体经济不行了，而是你的实体做得不够好；（马云）

不是因为成功而幸福，而是因为幸福而成功；

奢侈的反义词不是贫穷，而是庸俗；

不是好学校助推了高房价，而是高房价背后的家长们成就了好学校；

这个世界从来不是"朋友多了路好走"，而是"路走好了朋友才多"。

不用担心挑战老观点，因为有意义的观点都有可能出错，不可能出错的观点一般都没有意义。要知道，没有人反对，就没有人支持。可能你的观点不都对，但是不可以没有立场，大多数时候，观点的中庸等同于演讲的平庸。

另外，在演讲过程中，当你要表达一个新观点时，在这之前一定要先停顿一下，再慢速、大音量强调，就像我们在 PPT 或文章中，会把一些观点或金句加粗，就是为了让它们醒目，便于大家接收。

"否新证"（–AAB）

有了"新"的观点 A，我们用什么流程去说服观众接受这个观点呢？听多了演讲，你就会发现一个通用的方式——"否新证"（-AAB）的方式。

1. 否定一个流行的观点（-A）。

2.建立一个自己的新观点（A）。

3.证明自己的新观点（B）。

通过这三步（顺序可调）可以打破旧有思维，构建新的思维。

比如马云。

否定一个流行的观点（-A）：

"我担心的不是女性未来找不到工作。"

建立一个自己的观点（A）：

"而是男性未来会找不到工作。"

证明自己的新观点（B）：

"男人会把公司越做越大，女人会把公司越做越好。20
世纪，企业越大越好；21世纪，做好企业比做大企业重要
得多……"

比马云的财富更值钱的是马云的口才。

再比如，我给 PPT 营销力学员 90 天践行加油时的分享。

否定一个流行的观点（-A）：

"'夫唯不争，故天下莫能与之争'这句话从头到尾都被理解错了，特别坑人。"

证明自己的新观点（B）：

"什么叫'夫唯不争，故天下莫能与之争'？学过中文的都知道，'故'是所以的意思，而所以后面的话才是重点，才是目的、结果，这句话的重点并不在于前半句，而是后半句：'莫能与之争'。换言之，'不争'只是一种手段、工具，'莫能与之争'才是根本的目的和要达到的结果，也就是没有人敢跟你争或者没人争得赢你。那些因为人生遇到了困难、自己奋斗或者和别人斗争失败的人，看到《老子》中的'无为''不争'等观念后，感觉和自己很契合，感觉自己境界很高，这是一种虚假的感觉。"

建立一个自己的新观点（A）：

"所以'90 天'其实是一种学习方法、学习精神，就是要'争'，未来你的人生路上还有更多'90 天'在等着你，但是我们不怕。"

更多的例子可以去看罗振宇的《罗辑思维》，几乎每一期节目都是"否新证"，一开始讲 –A，如"过去我们总以为……"；再接着讲 A，如"但我们今天这期节目试图帮大家把这个关系颠倒过来……"；最后才讲 B，如历史故事、试验数据等来证明。

新材料 B1

证明新观点 A 正确的新材料 B，是指别人没有写过的，别人没有发现过的，别人没有表达过的，而又存在于生活之中的论据。

新材料 B1 就是选择浅显简单的材料解释深刻复杂的主题。

比如，关于理想，我在天涯论坛看到过一个帖子，具体内容如下。

孩子："我长大了想当医生。"

奶奶："当医生好啊，当医生社会地位高啊。"

爷爷："嗯，待遇也不错。"

妈妈："收入也很高。"

爸爸："以后找女朋友方便啊。"

孩子："不是说，医生是治病救人的吗？"

很多人走着走着就忘了初衷，孩子说的是理想，大人说的是现实。这个对话很浅，道理很深。

新材料 B2

新材料 B2 就是选择平凡材料中不平凡的点，调动观众的好奇心，即平中见奇。例如，在对小学生进行健康教育，介绍维生素 C 的重要性时，如果只是平淡地讲解维生素的作用，学生会觉得很无聊，也会记不住。但是，如果找个奇特的点——"有没有同学看过《加勒比海盗》？为什么杰克船长和他的船员嘴里都是满口烂牙，或者镶金牙？"就能调动学生的好奇心，对即将讲授的知识立即产生兴趣。这时再告诉他们海盗在海上生活，食物中缺乏新鲜蔬菜和水果，一上陆地又只补充肉类和面包，因此缺少维生素 C，90% 的船员都因此得上了坏血病，牙齿出血，牙龈萎缩，牙齿脱落……这样就能让孩子们在奇趣的故事中不知不觉了解到维生素 C 的重要性，而且不容易忘记。

再例如，我曾经问学员："你想做包子？还是想做比萨？"学员都很好奇："Sophie 老师这么说的意思是什么？"我解释道："包子馅在里面，咬一口才能知道里面有没有料、有多少料、有什么料。但是比萨的馅在外面，一眼就能看到有料，其实人人都应该标配 PPT 营销力，把自己从'包子'的状态展示成'比萨'，让更多的人一眼就看到你内在的才华。"听完有学员既惊奇又惊喜，跟我说："Sophie 老师，我现在还是个'烧卖'，只露了一点才华，我还要再加油变成'比萨'。"我就是从平凡的"包子"和"比萨"身上找到了奇特点。

让演讲出人意料——拥有逆向求异思维才能制胜演讲

出乎意料的表达，往往能让听众产生继续听下去的好奇：他为什么会这样说？后面发生了什么？从而一步步地将其带入准备好的故事中，使其产生共鸣，达成共识。

反者道之动，逆向求异思维制胜法

易效能®PPT营销力课程Sophie老师

1

2 反主流
提出与主流
完全相反的思想。

3 正话反说
任何一个名言警句
都有相反的道理。

正题反做
如果你想知道X是什么，
你就要先知道X不是什么。

4 正解反意
（批评）
先正面迎合，
再反面插刀。

5 反解正意
（表扬）
先反面插刀，
再正面迎合。

反主流——提出与主流完全相反的思想

"时间就像海绵里的水，只要愿挤，总还是有的"就是一种主流思想。叶武滨老师在其演讲中提出了与该主流思想完全相反的思想：时间根本不是省出来的，时间是选择出来的，即选择先完成20%重要的事情，你就能拥有自己想要的生活；否则哪怕你忙得要死，也还是会碌碌无为。

再例如，某大学中文系主任在欢送毕业生的晚会上的演讲中就说："毕业了，我不祝你们一帆风顺。"这句话使现场的师生很疑惑，该系主任停顿了几秒后说道："祝你们一帆风顺就如同祝某人万寿无疆一样，是一个美丽而又空洞的谎言。人生漫长，你们今后必然要经历许多艰难曲折，一帆风顺的人生是不可能的，经历风吹雨打的曲折人生才是真正的人生、精彩的人生。"

祝"一帆风顺"是主流思想，但这位系主任偏偏反主流，用"我不祝你们一帆风顺"这句话故意卖了个关子，让观众急切地想听下文。当谜底揭晓时，学生们恍然大悟。在这"君子临行，赠人以言"的重要时刻，该系主任没有用一句"一帆风顺"打发学生，而是对他们有着更深的祝愿、更高的期许。

杰克·韦尔奇也曾反主流地说："工资最高的时候成本最低。"主流思想看的是会计成本，认为工资低成本就低，却没有看到机会成本，即老板让员工吃亏，员工就让客户吃亏，客户就让老板吃亏。

正题反做——如果你想知道 X 是什么，你就要先知道 X 不是什么

查理·芒格在哈佛大学的毕业典礼上发表了标题为"如何才能过上痛苦的生活"的演讲，他在演讲中表示，人们如果反复无常、不听老人言、遭遇人生的重大失败时就意志消沉，从此一蹶不振，就一定会过上痛苦的生活；但是只要你反过来，避免这些做法，过上幸福生活的概率就会大很多。

这里假设：

X= 如何过上幸福的生活

那么：

非 X= 如何过上痛苦的生活

当我们知道非 X 的内容时，我们就知道了 X 是什么。也就是说，我们知道如何使自己过上痛苦的生活，然后避免这些，就能过上幸福的生活。

查理·芒格是"逆向思维"的高手，别人都在研究企业如何做大做强，芒格却在研究企业是如何衰败的；别人都在关心如何在股市上投资成功，芒格却在关心人们为何会在股市中投资失败。芒格和巴菲特总是在寻找各种投资失败的案例和具体原因，然后做一个检查清单，让自己

避免这些失误。正是这样不断地避免错误，让芒格先生的投资决策一直保持理性，创造了一个又一个的奇迹。

再例如，有很多关于环保的演讲都是在讲如何保护地球，但其中有一个演讲正题反做，那就是"如何毒化地球"。该演讲介绍了建造更多的核电站的作用、10 磅的钚就能毒死地球上的一切生灵、如何尽可能多地生产毒性物质，保证毒性物质、堆满地球的速度大于地球自身净化的速度……

假设：

X= 保护地球

那么：

非 X= 毒化地球

该演讲看似荒唐，但实际上是一种打破常规、非常奇特而又绝妙的创新演讲，人们能够从中认识到毒化地球的坏处，从而逆向思考，学会如何保护地球。

逆向思维就是数学里常见的反证法。

（1）假设命题反面成立。

（2）从假设出发，经过推理得出和反面命题相矛盾的结论。

（3）所求证的命题成立。

简要概括就是否定→矛盾→否定。

例如，证明三角形至少有一个内角小于或等于 60°。

假设：

X= 三角形至少有一个内角小于或等于 60°

那么：

非 X= 三角形中每一个内角都大于 60°

那么三个内角之和大于 180° 与三角形内角和为 180° 矛盾，

所以三角形至少有一个内角小于或等于 60°。

正话反说——任何一个名言警句都有相反的道理

名言警句都有一定的道理，久而久之，人们就会产生一种"从来如此"的固定看法。但是这些道理都是从某一个角度来说的，从逆向的角度去思考，我们就能提出完全不同的新观点。

名言警句：异想天开。

相反的道理：不去异想，怎么会"天开"？异想是"天开"的前提，要敢为人先，勇于创新。

名言警句：有志者事竟成。

相反的道理：好高骛远，不切实际地一味空想，不付诸行动去脚踏实地地苦干，理想再好，也不过是白日做梦，痴心妄想。

名言警句：见风使舵。

相反的道理：不看风焉能使舵，绝对不要与趋势对抗。

名言警句：纸上谈兵。

相反的道理：纸上谈兵其实很好，先学会纸上谈兵才可能沙场点兵。因为纸上谈兵让我们学会了做分析，让我们用分析替代试错！很多人不做分析而是直接在实践中去试错，而试错的代价有时是很大的，有些试错会直接让你万劫不复。因此，一个管理者、一个周密的策划者一定要先学会纸上谈兵，纸上谈兵往往可以让其用最小的成本和代价去发现错误、纠正错误、规避错误，然后再去沙场点兵。

正解反意：先假表扬，后真批评（幽默）

在分享 PPT 配色的时候，我会先假表扬——"这是我见过做得最努力的一个 PPT，当时我看到它的时候都快哭了，因为我知道自己这辈子都做不出来。"此时全场都在期待这个 PPT 到底什么样，于是我故意停顿了 2 秒，然后再真批评（幽默）——放出一个配色很丑的 PPT，包含了各种颜色。全场大笑，我再也不用担心同学们的 PPT 配色了。

再例如，在给抑郁的人做演讲时，你就可以先假表扬。

例如，教给各位一个完美的"自杀"方法：

（1）洗一个热水澡；

（2）泡一杯热牛奶，加点蜂蜜；

（3）把空调开到舒适的温度；

（4）喝下牛奶，躺到床上。

再真批评（幽默）。

等你睁开眼看见太阳升起时就是你已经死了并轮回啦，用新身份、新心情开启新的生活吧。

正解反意的批评更容易让人接受，如果直来直去，则很容易伤害到别人。其实，抑郁的人最怕你跟他们说加油、坚持或挺一挺。

例如，关于吸烟，我觉得吸烟有三个好处。（先假表扬）

一是吸烟的人不会被狗咬；

二是吸烟的人家里最安全；

三是吸烟的人永远年轻。

为什么这么说呢？让我们来一一解答。（再真批评）

第一条，吸烟的人总是弯腰，狗以为他要捡石头打它，所以不敢咬他；

第二条，吸烟的人总是咳嗽，有贼光顾他家的时候，会以为他还没有睡着；

第三条，吸烟有害健康，会减少寿命，所以吸烟的人死的时候会很年轻。

这位演讲者的成功之处在于，他没有直接就说吸烟的坏处，而是反着来，讲吸烟的好处。如此一来，吸烟的人不会抵触，不吸烟的人会好奇，都有兴趣继续听下去，最终达到了演讲的目的——劝人们不要吸烟。

反解正意：先假批评，后真表扬

曾经有一位学员跟我说："Sophie 老师，我是不会跟别人推荐你的 PPT 营销力课程的。"在我很疑惑的时候，他接着说："因为你的课太好了，我的收获太大了，我怕我的同事、同行也都学会了。"这就是先假批评，后真表扬。

反主流、正题反做、正话反说、正解反意（批评）、反解正意（表扬）等逆向思维，即出乎人们意料之外，又在情理之中，非常好用。在日常工作生活中，我们都习惯采用正向思维，但如果用逆向思维的方式审视世界，就能想到有趣的观点，打开独特的思路，值得我们尝试。

第二章
PPT
枝——快速理清 PPT
演讲的逻辑结构

想要说服别人，首先你要比他更有逻辑。

演讲的方法各种各样，但你只要先好好学习，然后不断练习就可以了。也就是先学习，再模仿，最后创新。

三种万能开场白——赢在开场前 30 秒【凤头】

都说万事开头难，演讲开头的前 30 秒，是观众参与程度最高的时刻，观众会用开场的前 30 秒来判断你的演讲是否值得一听，所以开场的前 30 秒，乃是演讲的"兵家必争之地"。

别说前 30 秒，很多演讲高手在开场的前 3 秒就已经在想办法了。例如，别人都是喊"1、2、3"试音，但是巴菲特是喊"100 万、200 万、300 万"试音。

在演讲的开头，我们要避免以下三种"自杀"式开场白。

1. 同质式

"大家上午好，我是 ×××，我今天演讲的题目是……"

这样的开场白十分乏味。

2. 演戏式

"啊，金秋十月，桂花飘香，我们迎来了收获的季节……"

这样的开场白再配上高八度的声音，会给人一种演戏的感觉。

3. 道歉式

"很抱歉，因为时间太紧，我没来得及准备这次演讲……"

"本来我是不想讲的，是 ××× 非要我讲……"

观众不希望听到你的借口和道歉，即使观众没有说出来、表现出来，你也不能破坏听众的情绪、浪费听众的时间，因为他们是怀着很大的热情专门花时间来听你的演讲的，所以不要一开始就带给他们消极的信息。

下面我将介绍三种万能开场方式。此外，道具开场请参考第三章的《讲出画面感——用四个"道具创意"增加演讲战斗力》，问题开场请参考第三章的《讲出转折——用"有问题"的演讲勾住观众的兴趣和注意力》。

承诺开场

承诺开场是一开始就告诉观众，他们将会非常享受你的演讲并从中受益。

（1）"今天上午，我们准备了一些非常神奇的东西展示给大家"这样简简单单的一句话，向观众保证了今天有一个最重要的产品将要公布，从而引起观众的兴趣。

（2）"感谢缘分，让我们今晚相约在 PPT 营销力线上直播课'7 步搞定 2020 年终总结'，我敢保证这是一次能帮你赚到钱的分享，2021 年升职加薪就靠它了。"

（3）"从现在开始到 45 分钟之后，当你踏出这扇门的时候，你将收获三项有关幸福的秘密。"

想象开场

用"想象"一词开始你的演讲，可以让观众想象一下过去或者未来。想象的力量是非常大的，它能使观众思考，让观众身临其境。

（1）"请大家设想一下，我们倒退到十年以前，有没有什么事情是你当初想做，而现在仍然没有做的。"

（2）"想象一下，你有着精湛的写作能力，一年可以写出很多爆款文章，你的文章被各类媒体转发，并收到许多来自各行业的出书邀请，粉丝们追捧你……写作能力在当今来说越来越重要，它可以改变你的一切。那么，下面就给大家说说如何提高写作能力……"

（3）在标题为"拯救生命的温暖怀抱"的 TED 演讲中，演讲者一开始就让观众闭上眼睛并张开双手，然后想象一下手里可以放些什么，如一个苹果或一个钱包。当观众睁开眼睛之后，看到 PPT 图片中的手掌里是一个小小的早产婴儿，非常震撼。该演讲者用十秒钟的时间就与观众建立了连接，也吸引了观众的注意，从而想要听听演讲者要讲跟早产儿有关的什么故事。

震惊开场

震惊开场是在开场时提出一个鲜为人知的事实真相，或者让人震惊的数字、事件、话语，让观众在一瞬间被震惊，从而对演讲的内容产生强烈的好奇，急不可耐地听下去。

（1）在 2009 年的 TED 大会上，前美国副总统戈尔做了著名的警告全球气候趋势的演讲，他在演讲的开头使用了令人**震惊的数字**："冰帽的面积缩减了 **40%**，相当于美国南方 48 个州的面积总和。"（参考数字化 + 相当于 / 就像）同时，戈尔还配以可视化的动图和图表来呈现这些数据。如此强烈的数据对比，一下让观众意识到问题的严峻性。

（2）弗兰克·彼杰在"我怎样在销售行业中奋起成功"演讲的开场使用了令人**震惊的事件**："在我成为职业棒球选手后不久，我便遇到了一生中最使我感到震惊的一件事。"现场观众听到这个开场后，立刻就来了兴趣，每个人都想听听他遇到了什么事？他为什么会震惊？他是怎么办的？

（3）卡耐基在"怎样才能不再忧虑地生活"演讲的开场使用了令人**震惊的话语**："那是 1987 年的春天，一个叫威廉的年轻人，他是一个医学专业的学生，原本他的生活中充满了忧虑：怎样才能通过期末考试？该到什么地方去发展？如何开一个诊所谋生？他拿起一本书，读到了影响了他将来一生的 21 个字。后来，他成为牛津大学医学院的教授，还被封为爵士，拿到了英国医学界的最高荣誉。就是这 21 个字，帮他度过了无忧无虑的一生。"

说到这里，所有观众都迫切地想知道这 21 个字到底是什么，为什么能影响他的一生。

在这本书里，我介绍了很多 PPT 演讲的开场技巧，我的建议是，不要试图在某一个演讲或分享中将所有技巧都一起使用，那样效果并不一定好。在演讲中，我们可以专门训练一种技巧，直到能够熟练使用后，再练习下一种技巧。练得久了，任何一种技巧你都能在任何一个演讲中信手拈来！甚至"一招鲜，吃遍天"。

三点式逻辑——告别"流水账"演讲【猪肚】

掌握三点式逻辑，能够帮助你在任何时间、任何地点都轻松开口、自信表达。

在 PPT 演讲现场，我发现人们要么就不上台，要么一上台就控制不住自己，想到什么说什么，讲得越多越混乱，最后连自己都不知道讲到了哪里、讲了些什么。

这个时候我就会给他们推荐非常实用的三点式逻辑：三是个神奇的数字，最容易被记住。无论你要讲多少内容，最好将其归纳成三点（最多也不要超过七点）。

举个例子，假如你突然被问到"如何成为一名优秀的讲师"，你可以条件反射式地回答以下三点。

（1）有实践。讲师只有讲自己做到的事情，别人才会信服。如果一个讲师讲的都是书里的内容，都是别人的事情，就缺乏说服力。

（2）有成就。讲师最大的成就是教出值得自己崇拜的学生，就是在帮别人成长、成功之后，获得成就感与喜悦感。

（3）有 IP。在授课几年之后，讲师能否形成属于自己的风格、打造属于自己的 IP、让学生喜欢你的课，是衡量其是否优秀的重要指标。

三点式逻辑能减少演讲者在演讲时突然卡壳的情况，使其在脑海里快速把信息进行分类、归纳、整理，使其凌乱的语言变得有条理和顺畅起来。

除了演讲，写作也是，小米联合创始人黎万强在畅销书《参与感》里面也运用了三点式逻辑：三个战略——做爆品、做粉丝、做自媒体；三个战术——开放参与节点、设计互动方式、扩散口碑事件。

在演讲中应用三点式逻辑时，演讲者可以使用不同的词。

（1）数字词。

第一点、第二点、第三点；一个中心，两个基本点。

（2）时间词。

首先、其次、最后，现在、过去、未来。

（3）关键词。

2015 年，Facebook 创始人马克·扎克伯格在清华大学发表中文演讲时，就用"使命""用心""向前看"三个关键词对应了三个故事，分享了他创立 Facebook 的心路历程。

这个技术很多成功人士都在使用。猎豹 CEO 傅盛在演讲"我为什么不顾一切地努力"中说："我想讲讲，关于我努力的三个故事：恐惧、委屈、攀比……我的人生到今天，觉得能够看到的自己最大的财富，可能就是我终于越过了恐惧，越过了委屈，越过了攀比。"

三点式逻辑还有三个升级应用。

（1）WWH 法，即是什么（What）、为什么（Why）、怎么办（How）。

以 PPT 营销力分享为例。

What：什么是 PPT 营销力？

How：如何借助 PPT 营销力放大自己的专业影响力和品牌影响力？

Why：为什么 PPT 营销力会让你的人生从此大有不同？

（2）同字提炼大法，即在三个关键词（等字数）中，有一个字在相同位置上是相同的。

例如，有一次与合作伙伴吃饭，他们问我："叶武滨老师是一个怎样的人？"

我说，跟叶老师认识这么多年，我从他身上看到了一个创业者应该具备的三大特质。

自律：坚持"晚十早五"运动。

自愈：面对创业过程中遇到的各种挑战、困难、挫败，他都具备自己愈合伤口的能力，如果说这个人很脆弱，那他就是玻璃杯，一摔就碎；如果说这个人很坚强，那他就是不锈钢杯，摔下去，最多磕个坑；叶老师是硅胶杯，摔下去，砰！还能弹起来，接受更大的挑战，变得更加卓越。

自燃：就是叶老师不需要靠别人激励自己，在任何情况下都能够自我燃烧，然后去点燃别人，激情四射、光芒万丈！

"自律、自愈、自燃"就是对叶老师的评价。

这三个词的第一个字都是相同的——"自"。你可以在百度里搜索带"自"的组词，然后从中挑选出合适的词就可以了。

"同字"也可以是"同词"，这在课程研发逻辑搭建中非常好用。

例如，在"逆袭 2020 的时间管理课"中有以下三句话。

怎样的工作安排最高效？

怎样的生活方式最健康？

怎样的人生规划最幸福？

这里相同的词有"怎样的""最"，并且出现在同结构、等字数句子里相同的位置，顺口又好记。

（3）字词拆分大法，即把各部分的内容提炼成一个字，也可以是谐音字，然后组成一个大家都熟悉的新词，用形象的方法来说明观点。

这种方法：

一是显得与众不同；

二是显得有条理；

三是不容易忘词。

因为你本来就只有一个词，记一个词当然比记很多词、很多句、很多段容易得多。让观众能记住演讲内容，不正是演讲者想要达到的效果么?

例如，面试官问："到我们公司之后你将会有什么样的工作态度？"

应聘者答："我将会做一个'马后炮'。"

接下来，看看他是怎么来解释"马后炮"的。

马：不管做任何事，我都会立马行动，绝不拖延。

后：以后我会从基层做起，认真做事，踏实做人，争取厚积薄发，后来者居上。

炮：我愿意成为公司的一门当头炮，公司指哪里我打哪里，我愿意冲锋陷阵走在前面。

我相信这种"马后炮"的工作态度一定可以为公司创造巨大的价值。

如果你第一次听到这个演讲，我相信你一定会印象深刻的。

英语也能组合，把多个单词的首字母拆分出来再组成新词。例如，可以将 Strength（优势）、Weakness（劣势）、Opportunity（机会）和 Threat（威胁）的首字母组合为 SWOT 分析法。这样的首字母提炼方法既简单又好记。

留个作业：按照三点式逻辑训练，在开会时说三点情况，在看书后写三点感想。通过平常的训练与累积，才能在最短时间内出口成章，有条理、有系统地进行表达，这些方法都是我亲自验证过的，非常好用。

三种结尾方式——让观众感觉没听够，还想再听【豹尾】

最叫人崩溃的演讲结尾叫"没完没了式结尾"，观众都害怕这样的结尾，为什么呢？因为这种结尾讲到最后，演讲人通常会表示"最后，我再强调一下……"这一强调，就是没完没了。演讲者要像歌剧演员一样，在结尾阶段无论是思想上还是情感上，都要留下一个"高音"，不要没完没了，而要戛然而止。

切忌以问答环节结束

很多演讲者会在演讲结尾阶段以问答环节结束，这是不可取的。你可以设想下，当你好不容易在演讲结束时将观众带到了一个良好的状态，你前面讲得非常不错，但在最后用问句"……这是我今天演讲的主要内容，大家还有什么问题要问吗？"结束，很可能底下一片沉默。随后，你又傻乎乎地问："有人提问吗，一个问题都没有吗？"仍然没有人说话。此时，你感到局促不安，并问观众："确定没有问题吗？"而底下的观众更加局促不安，都不敢看你的眼睛。"那么，好吧，我想我该结束演讲了，嗯，谢谢大家来捧场……"收拾完笔记本电脑，马上溜之大吉。另外，有些观众并没有问题要问，但为了向其他观众证明他比你聪明，他会指出你演讲中的漏洞。此时，你可能都下不了台，别提溜之大吉了。

一个不好的结尾就像一颗苦花生，会瞬间破坏之前所有美好的体验。

下面我将介绍三种结尾方式。

金句结尾

我对 PPT 营销力学员的最低要求就是不管你前面讲了什么，最后一句必须以金句结尾，这样会让观众感觉没听够并觉得你很有水平。

金句可以说是知识经济时代的象征。罗振宇在跨年演讲中，最后一句话必定是金句，让演讲戛然而止，让听众回味无穷。金句分为两种，一种是借鉴名人的金句，另一种是由演讲者自己创造。下面列举了罗振宇近几年在跨年演讲中使用的金句。

2015 年：没有任何道路通向真诚，真诚本身就是道路。（罗振宇自己创造）

2016 年：万物皆有裂痕，那是光照进来的地方。（借鉴歌手柯恩）

2017 年：岁月不饶人，我也未曾饶过岁月。（借鉴木心先生）

2018 年：对未来最大的慷慨，是把一切献给现在。（借鉴作家阿尔贝·加缪）

2019 年：一个人的梦想只是梦想，一群人的梦想就能成真。（借鉴约翰·列侬）

金句不仅能拉高整个演讲、文章的格局和品位，同时也为观众准备好了最佳的转发语，再配上 PPT，就能实现二次传播。哪怕没有听过或听完整场跨年演讲，光是看这些金句和 PPT，就觉得不虚此行了。

马云的演讲被很多人推崇，他的演讲也是以金句结尾。在获得"2004CCTV 中国经济年度人物"后，马云在获奖感言中以金句结尾："今天很残酷，明天更残酷，后天很美好。但绝大部分人，死在明天晚上。"然后，他大踏步走下讲台。听众当场就怔住了，并在心中呐喊："太正确了！"

另外，像"扬帆起航，再创辉煌"这类假大空的话不要再说了，因为太不接地气了。

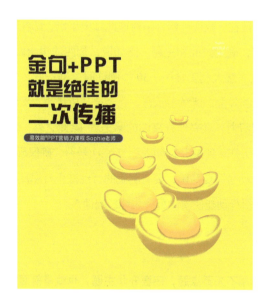

号召结尾

如果给了观众一个非常棒的思想，那么演讲者可以在演讲的结尾要求观众去做一件非常棒的事情，这样你的演讲就有可能改变世界。因为世界的改变需要人类的行动，人类的行动可能就起源于某一场演讲的思想的启迪。

例如，我在"4 招搞定 2020 梦想板"演讲的结尾号召："怎么样？想做一个梦想板吗？当决定要做某件事情时，最好在 72 小时内开始行动，否则这件事情 99% 是不会被完成的，超过 72 小时，完成的概率会直线下降。"

另外，英国知名厨师乔恩·阿什顿（Jon Ashton）在他的演讲结尾阶段说："最后 2 分钟是 2 小时的演讲中最重要的环节，请每个人从身边找个搭档。现在，我说开始，请对彼此做出承诺，即在下个星期前和家人一起下厨，确定时间和主题。比如说，周四的早上做墨西哥料理，周五的晚上烹任意大利美食……30 秒倒计时，准备好，开始！……现在，做出承诺的各位，请举手示意。我会选几位代表，工作人员会把话筒递过去，请清晰、洪亮地分享你的承诺。"除此之外，他还请大家将各自的下厨经历分享到指定的网站上。（二次号召，确保行动。）

　　结尾的行动号召要简单，要有明确的行动截止日期及汇报成果的途径。结尾时号召行动能使演讲更持久地影响他人。

点题结尾

　　演讲的结尾不光要点题，还要升华主题，也就是前面提到的演讲极简公式 ABA+，结尾 A+ 是对开场 A 的升华。结尾如果不升华主题，就感觉不够大气，不够有力量。

　　某位学员的 PPT 演讲"幸福是奋斗出来的"，最初的结尾是"幸福生活来之不易"。

　　这样的结尾偏离主题、老生常谈，随后他将结尾呼应、升华了主题——"我从父亲那里相信，幸福是奋斗出来的，我从国家这里相信，奋斗本身就是一种幸福。我能感受到我的每一次奋斗与幸福都与国家同频，我个人的命运和国家的命运连在一起，个人的奋斗叠加起来就是国家的进步！我愿意付出我余生的时间，孜孜不倦地奋斗，不仅让我自己，更让更多国人幸福。这就是我今天最想给大家分享的，谢谢。"

　　这样的结尾就把他自己的奋斗上升到国家进步的高度，也提升了演讲的格局。

　　我看过一部日剧叫《卖房子的女人》，该剧女主角是一个卖房子的女人，她在最后说："房产中介所负责的，不是一套房子，而是客户的整个人生。"这句话升华了整部剧。该剧女主角的口头禅"没有我卖不出去的房子"和马云的"让天下没有难做的生意"有异曲同工之妙。

我也曾经建议易效能®亲子时间管理课程的陶娅老师在课程结束时升华主题："我教室里的每个孩子，都是一个家庭的整个世界！这是我对我从事的亲子教育行业发自内心的敬畏！"

关键时刻——年会演讲，四步让员工死心塌地追随你

很多公司的年会都是"硬件很硬，软件很软"，即"硬件"必须是五星级酒店的宴会厅，必须有红地毯，但是PPT和演讲等"软件"则十分简陋。要想打造一场让员工印象深刻的演讲，你需要做好以下四步。

1. 问候和感谢，喜悦开场

　　滴滴总裁柳青在年会演讲"乘风破浪的旅途，成长是唯一道路"的开场时问候道："每年这个时刻都特别期待跟大家相聚，看到大家，我就觉得充满能量。希望你们也能在这个大聚会里和老朋友相聚，获取能量。"这种问候和感谢会让观众十分受用。

　　感谢的话谁都会说，但如果你只是随便地说谢谢领导，谢谢大家，基本上没有效果，感谢要有细节。例如，马云在 2011 年淘宝年会上说："感谢所有的合作伙伴，包括我们的货运公司。春节期间很多货运公司堵塞了、不行了，但让我感动的是，有客户说他定了一个货，当晚 11 点多突然接到电话'能否一会儿把货送到你家？'那人以为开玩笑呢，就说'那你送来吧'。没想到凌晨 1 点敲门声响起，货运公司的人把货送到了他家里……我对所有货运公司合作伙伴说声谢谢，我敬佩大家！"

　　人们需要知道什么是被鼓励的、被认同的，这样才能产生相似的行为。对于正面案例，需要重复，让其成为榜样，榜样其实就是公司文化和价值观的具体体现。

2. 成绩和不足，报喜也报忧

　　感谢这一年来令你印象深刻的事情，由这些事情、这些精神，过渡到公司取得的成果。报喜是为了树立信心和成就感，用数据说话，比如营业总额、业务能力、战略合作、技术认证、产品升级、团队人数、客户数量等。

　　（1）滴滴的柳青。

　　"这一年里，我们进一步巩固了全世界最大的出行平台的地位。

2017 年，中国民航客运总量约 5 亿人次，中国铁路约 30 亿人次，而滴滴在 2017 年运送的乘客超过 100 亿人次，是中国民航的 20 倍，是中国铁路系统的 3 倍。"（参考数字公式 A=B×C。）

（2）小米的雷军。

"在市场整体下滑 6.3% 的情况下，我们的销量逆势同比增长 96.9%，是唯一还在增长的品牌。"

报忧是为了"哀兵必胜"。你可以讲公司遇到的困难，并诚恳地请员工和你一起克服困难，这样大家就在一条"船"上了。

例如，滴滴的柳青曾说："好比一个 5 岁的小孩子，需要在 1 年内大脑快速发育，视力、听力迅速加强，全身长出茁壮的肌肉，骨骼迅速成长到青年人的水平。这个成长的过程一定会伴随着痛楚，我们正经历成长痛……（这里用到类比技术）在过去的一年里，不知道有多少同学有过挫败感，他们曾经是原来领域的 Super Star，但在新岗位却找不到抓手，失去了存在感和成就感；也有同学觉得很委屈，明明是一腔热血，想要改变世界，却发现来到这里没有人引领；又或者想推动一件事，发现跨部门推动比较复杂；还有同学默默无闻地做了很多工作，但是 Leader（领导）并没有看见，为此寒了心。我要在这里代表滴滴，向所有在 2017 年受了委屈、感到迷茫的同学，真诚地说声抱歉。"

不要害怕问题和危机把员工吓跑了，其实员工比老板更能切身体会到所有的问题和危机。如果老板不承认，那么员工会认为老板愚蠢没看到问题，或者愚昧不解决问题，或者没能力解决问题。

另外，领导道歉比领导甩锅更有用，身居高位的人道歉并不会威胁其权威，只会让其与周围的人更紧密，也让他们更强大。在京东数科年会上，主持人竟然让大家把手机铃声调至最大声。观众懵了："别家年会都让手机静音，我们的年会怎么还让开大声音呢？"在观众还懵着时，电话就响起来了："喂，京东数科的小伙伴，你好。我是老陈（CEO）。"太惊吓、太惊喜了，陈总给年会现场1560多位员工打电话，"我知道，你做的，远比我看到的多。我也知道，你的喜悦和我分享过，但你的委屈我未必关注过。所以在这里，说一句抱歉，抱歉我做得还不够好……我们要一起做事，一起成事。让我们做的事儿，变成时代中的好故事。"观众立刻被感动了。

3. 前景和目标，干成什么样

分享了过去，接下来就该是雷响战鼓、点将发兵了。发布新一年的目标、打法很重要，但更主要的是要突出这和员工有什么关系，能说明员工的实际的收益最好，还有员工的成长发展机会。例如，"我知道，很多人对今年的收入不满意。在此，我想问大家一个问题，大家想不想赚更多的钱？想不想？"台下员工肯定回答"想"。老板继续说道："那现在我就分享公司明年的三大变革。第一个就是内部创业计划，针对不同的行业客户，成立不同的小组，公司来投钱，你就可以成为股东参与分红……"

老板在演讲时一定要描绘公司的前景，让员工对公司、对老板更有信心，对自己在这个平台的成长、成功更有信心。要想让员工跟着你奋斗，你就要让员工提前看到未来的景象，提前看到他们将来梦想实现后的场景。要注意的是，分享前景和目标时要描述具体的路径和画面，否则就变成"画大饼"了。

4. 价值观和使命，霸气结尾

使命就是时刻关注公司到底解决了哪些社会问题。如果公司的使命是让公司利润再高一些，让老板多赚一些，那么公司就不会长久。观察一个公司领导者的格局，一个年会的时间就足够了。

比如柳青在年会中谈滴滴的使命："我们是这个时代的幸运儿，能够做影响亿万人每天生活的事业。我们会看到全球因为交通事故而造成的伤亡逐年减少，直到有一天交通事故彻底变成历史；我们会看到，人们的出行体验逐年升级，有一天，大家乘车的空间会成为客厅和办公室的延伸，在路上的每一分每一秒，会和家里一样的私密、安心、舒适……我们将会从中国走向世界，我们服务的人群会从 13 亿变成 60 亿。"多么自豪！我以前听人讲使命，就觉得特别虚，现在意识到使命是源驱动力，比的是谁能够在长期正确的事情上坚持更久。

在年会中，除了演讲，老板还要表演节目，怎么恶搞怎么来，一定要让员工心甘情愿地把手机掏出来为老板发个朋友圈。马云连续多年恶搞自己，从白雪公主到 Lady Gaga，再到迈克尔·杰克逊。员工才是年会的主角，让员工娱乐老板，才是聪明的老板。

还有的公司特别务实，不仅送东西、送钱，还送人——把相亲环节搬到了年会，这是对员工的关怀。

小说《小王子》中说："仪式感，让某一天与其他日子不同，让某一个时刻与其他时刻不同。"聪明的老板，会赋予年会这个特定的时刻特别的意义。

关键时刻——面试应聘，"过五关"助你成为 Offer 收割机

如果把求职比作一个自我推销的过程，那么应聘者就都是销售人员，看谁能把自己卖个好价钱。以下"五关"是面试中提问频率最高的问题，相信你一定会被问到。

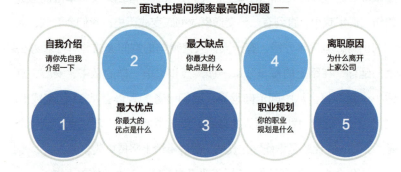

— 面试中提问频率最高的问题 —

第 1 关：请你先自我介绍一下

面试时，应聘者通常会被要求"请来一段自我介绍"。答得好，就是加分项，答得不好，就是自己给自己挖坑。很多人一上来就开始背简历："我叫张三，性别男，今年 36 岁，毕业于 × × 学校，× × 专业。第一份工作是什么，第二份工作是什么，第三份工作是什么……"面试人员为什么要听你重复一遍简历上已知的信息呢？

就像高考答题，高手会摸清出题人的思路，同样，要回答面试人员的问题，你也要知道问题背后的目的是什么？自我介绍背后的目的就是了解你的沟通表达能力（也就是演讲力）怎么样。无论是前台、中台还是后台岗位，都需要具备基本的沟通表达能力，总不能招个连说话都费

劲的同事吧。

为了证明你足以胜任这份工作，你要多说点跟岗位相关的经历。

在第四章我要讲到的自我介绍的 MTV 方法，也适用于面试。

Me ——我是谁？

Task ——我为什么胜任这个职位？

Value ——为什么录用我？

（1）Me ——我是谁？这里的关键是要借势——名校、名企。

a. 比如名校。美国留学、清华大学、国内的 985/211/ 双一流大学……总之学校好的报学校，学校不好的报城市（或国家），学校和城市都不好的报专业。

b. 比如名企。以我爱人为例，他曾任华为高级营销经理、IBM 全球数字营销部门经理。IBM、华为都是名企。

（2）Task ——我为什么胜任这个职位？

介绍这部分内容时，有些人全是些假大空的自夸，比如学习能力强、工作认真等。谁都可以说自己学习能力强、工作认真，但必须有数据、结果支持，否则面试人员一看就会觉得很假。

例如，"管理微信社群，与用户聊天、答疑"这样的介绍很没有说服力，但如果加上数据、结果作为支持，改为"负责创建并运营 3 个微信渠道的福利社群，吸引超过 1000 名顾客加入"，则说服力十足。

（3）Value ——为什么要录用我？

千万不要再说"给我一个机会，还你一个惊喜……"应聘者要根据应聘岗位的要求，重申自己的优势。例如，"我了解到公司正在拓展国外市场。我相信我在过去 8 年的国际销售经验和客户资源可以对公司有所帮助"。再例如，"我有 5 年的 App 开发经验，开发过百万用户级别的产品，我可以帮助公司开发自己的 App 应用，使公司在移动互联网领域取得更好的发展"。

总之，如果你从事销售工作，就说你能给公司带来客户和订单；如果你从事市场工作，就说你能给公司带来更有影响力的品牌；如果你是程序员，就说你能给公司带来自动化。总之，自己从事的是哪方面的工作，就强调能带来哪方面的价值。

第 2 关：你最大的优点是什么

面试人员会接着你的自我介绍询问你最大的优点是什么。应聘者需要提前准备好 1~3 个 "万用项目案例"，用星星（STAR）模型来讲述自己的优点；不要等到面试的时候临时想，那样脑子容易卡壳，或者一下子又想不到特别好的。

星星（STAR）模型指的是：

- 在什么环境（Situation）下；
- 你的具体任务（Task）是什么；
- 你如何行动（Action）；
- 最后达成了什么样的结果（Result），结果最好可以量化。

例如，我最大的优点是 "创新"。

S：当时是在什么情况下接受的任务？

突如其来的新冠疫情重创了教育培训行业（线下），企业面临危急存亡的时刻。

T：接受的任务内容是什么？

领导让我负责新业务 "线上付费训练营"，创造新增长点，同时把

学员从线上付费课程转换到线下付费课程。

A：具体采取了哪些措施？是否遇到了困难？如何解决困难？

从零搭建线上付费训练营全流程，包括准备、宣传、报名、开营、践行、学习、转换七个阶段；

从零搭建双师授课模式"教 A 练 B"，即 A——由名师讲解核心知识点和案例，B——由辅助教师全程陪伴学员进行实操和互动答疑；

从零搭建教练和义工体系，运营 300 人以上规模的微信群；

从零搭建闯关作业模式，学员只有提交了现阶段的作业，才能获得下阶段的学习资料，类似升级打怪，帮学员击退拖延症。

R：项目最终结果如何？

成功运营、总结一套可复制的"线上付费训练营"引流、转换线下课商业模式，截至目前，帮助公司运营 5 期线上训练营，服务超过 7.5 万余名学员（私域流量池），创造直接收益约 1200 万元，公司不仅没有降薪裁员，还发放了相关奖金。（注：数据仅供参考。）

与工作经历相比，项目经历更重要。

再例如，你最大的优点是"抗压"。

S：当时是在什么情况下接受的任务？

公司需要保证"双 11"期间产品定价最优，要求我们开发爬虫系统，实时监控竞争对手的价格。当时距"双 11"不到 1 个月。

T：接受的任务内容是什么？

不间断监控淘宝 50 家竞品网店，获取其价格、销量、库存等信息，并将这些信息集中到一个页面，以便进行分析。监控时间间隔为半个小时。

A：具体采取了哪些措施？是否遇到了困难？如何解决困难？

该项目时间紧、任务重，我们基本都在公司铺睡袋连夜调试改 BUG，在淘宝"双 11"期间，爬虫系统升级的难度翻了一倍。

R：项目最终结果如何？

此项目由我主导，与另外一名同事共花费三周时间完成，在"双 11"期间帮助公司"动态定价"，同比引导消费者进店购买增长 23%。

第 3 关：你最大的缺点是什么

这个问题绝对是面试时的第一大陷阱，如果你一听到这个问题就慌了，那么你就输了，证明你心理素质不过关。如果你觉得你没有缺点，你也输了，因为是人就会有缺点。

"我最大的缺点就是太追求完美。"——是假的，不能要。

"我最大的缺点就是性格内向，不擅长沟通。"——是真的，真不行。

"我最大的缺点就是有洁癖。"——是真的，但与工作有关系吗？

因此，你介绍的缺点必须是真实的、与工作相关的，并有可能改进的。用公式表达如下：

你最大的缺点是什么 = 缺点 + 表现 + 反思 + 改进

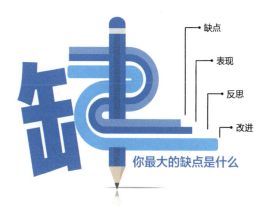

拿我曾经的工作经历举例。

在赛事活动安排上，我很坚持自己的意见，对活动的进程和阶段的控制欲很强，对协作同伴的工作标准要求也很高。（缺点）

难免有人对我有怨言、误会，甚至不配合。（表现）

老板建议我从善如流，注意方式与方法、讲究场合。我听取了建议并付诸行动。（反思）

例如，虽然我心里已经想好了问题解决方案，但我还是会把很多需要解决的问题摆在桌上，让所有人参与解决，用心听取别人的意见和建议；或者个别征求意见（如"你觉得这样怎么样"）来激发别人发表意见；或者先加以肯定"嗯，好，你的这个想法好"，之后才稍稍提出困惑和思考……结果，大家对我很佩服、很尊重，同时也让老板认定，我是值得深入培养与挖掘的人才。（改进）

再例如，我最大的缺点是战术上勤奋，战略上懒惰。（缺点，但基层员工在战略上有所欠缺是可以原谅的）

只关注任务指标，就知道靠加班冲业绩，忙到家人整天抱怨。（表现）

只有执行力是不够的，缺少主动、深入的战略思考，就不能深刻理解产品、客户，就无法创新营销推广方案。（反思）

所以我就抓住短视频红利期，主动系统地学习抖音短视频营销课程，并投放了公司第一条抖音广告；剪辑、分享了老师讲课的高光片段（短视频）吸引潜在学员报名，提前超额完成业绩。（改进）

再例如，我最大的缺点是不懂授权，让自己很累。（缺点，中高层管理者）

因为我觉得下属能力不如自己，授权给他们只会把事情办砸，所以大事小事事必躬亲，整天忙得不可开交，下属也觉得我不放权。（表现）

如果每天将自己陷入事无巨细的事务性工作当中，我怎么会有时间思考企业/部门的发展战略呢？企业/部门的效益又怎么会好呢？（反思）

因此，我增加了和下属沟通的时间，以了解他们的工作能力和工作意愿，在授权时，详细说明工作内容和目标；在授权后，及时检查、主动支持和给予鼓励。（改进）

第 4 关：你的职业规划是什么

在我看来，这个问题就是送分题，其实面试人员并不关心你真正的职业规划是怎样的，就是想和你再次确认一下：

- 你的职业规划与公司的岗位需求是契合的——必须将个人的发展与公司的发展结合起来；
- 你在 3~5 年内是不会轻易离职的；
- 你是上进的——要么走管理路线，要么走专业路线。

因此，这个问题的答案只要满足这三点就正确，比如下面的例子。

（专业路线）我在学校时，就对 Java 编程十分感兴趣，我的 Java 专业课成绩也是班上第一。如果有幸进入贵公司，我期望自己能在 Java 技术领域有所作为，从基层程序员干起，一步步稳扎稳打，3 ~ 5 年成为公司技术骨干、资深技术专家，帮助公司搭建、维护 IT 系统，实现流程信息化，以提高公司的管理水平和工作效率。

（管理路线）贵公司是世界 500 强企业（安防行业），我也在安防行业做了 3 年售后技术支持工作，虽然我应聘的是销售岗位，但我对安防产品、技术，以及客户的需求都十分了解，可能比其他销售人员更懂客户，比销售人员和客户在一起的时间更久。我期待自己扎根在销售岗 1 ~ 2 年，以公司销冠为目标，为公司开拓新客户、带来新增长。同时，学习管理方面的知识，争取 3 ~ 5 年做到部门经理，带领团队为公司开疆扩土。

第 5 关：你为什么离开上一家公司

"你为什么离开上一家公司"这个问题背后的目的是了解你会因为什么原因离开公司。

在回答这个问题时，你千万不要回答钱少、工作量大、离家远、公司制度乱、领导事儿多等，千万不要黑前公司或领导，这样反而是在黑自己。因为离开上一家公司就说其坏话，会让人怀疑你的人品。

你的回答应该围绕"成长"展开，即要让面试人员看到你是为了做得更好而离开，而不是因为现状太糟糕你不得不离开的。例如，寻找更大的舞台、进入更有发展前景的行业、学习更多的知识、新公司更符合我的职业规划……都是很好的点。

你可以这样说：

"之前的工作比较安逸，没有挑战性，公司整体上都很稳定，没有什么发展空间，我希望有一份比较有挑战性的工作，毕竟我还年轻；

"前公司在转型期（或者架构调整），我的职责有变化，和我的优势（或者职业规划）不一致；

"我在前公司工作近十年，一直深受领导器重，但是因为领导一直没有晋升，我也被一直卡在原岗位。"

关键时刻——竞聘演讲，让观众投票给你的"4P"逻辑

1. 自我介绍（Position）

一般竞选者都用"问好 + 个人信息 + 竞聘的岗位"的模式作为演

讲开头，比如"尊敬的各位领导、各位同事，大家好！我是 ××，非常荣幸能有机会参加 ×× 岗位的竞聘"。这种自我介绍缺少了最重要的要素——"原因"，即为什么来参加竞聘，这个原因不应是利己的原因，比如"我要锻炼自己的人际交往能力，我要提高自己的管理能力……"而应是利他的原因，如竞聘上岗不是为了"作威作福"，而是为更多人服务。

例如，一位初中生竞选学习委员，他说："我先讲一讲我为什么要竞选学习委员。其实我已经处心积虑、蓄谋已久了。"这里用到了自黑，你越这么说，别人越不会觉得你处心积虑、蓄谋已久。

"我的学习成绩在班里不说数一数二，也算名列前茅了……但如果全班的成绩居低不上，那么我学习成绩再好也用处不大！既然我处心积虑、蓄谋已久地想当学习委员，就是想要带领全班同学共同进步！"

不要说
"我想借这个机会来锻炼自己"。
你锻炼自己跟"我"没有任何关系，
大家选你不是让你来锻炼自己的，
而是来服务大家的。

易效能®PPT营销力课程 Sophie老师

2. 胜任证据（Proof）

提供胜任证据就是讲自己的优势是如何匹配竞聘岗位需要的。

比如竞聘销售经理这个岗位，我的优势可以概括为"三好宝宝"——工作好、学习好、身体好。（三点式逻辑）

工作好：在全公司1000多名销售人员中业绩排名第一。刚进入公司时，我还是个"小白"，每天都要打150个陌生电话，还有陌生拜访，被拒绝多了，放下电话鼻子一酸就哭，还没哭多久，又要积极热情地给客户介绍产品或服务。当时很多同事就是混日子，或者拨打10086凑数，我不参与，不少人笑我傻，我就笑笑，继续干活。我的心思非常简单，就是帮助客户。年轻的我成了销售冠军，并拿到了海岛游奖励。

学习好：我曾经吃过亏，有一次去拜访客户，刚把公司的产品资料递给客户，客户马上问了我一个产品的功能参数。我答不上来，只能傻乎乎地说："您看下产品彩页，上面可能有。"客户马上就给我投来了一个质疑的眼神，没说两句话就把我打发走了。以前我总认为哪有时间学习产品、行业知识，不如先开发客户再说，后来发现，没有熟练的产品、行业知识，有客户我也抓不住。于是我开始疯狂学习产品、行业专业知识，并输出成PPT演讲视频，不断迭代更新并分享给大家。如此一来，我在和客户讲话时就会很自信，洋溢出一种魅力。而客户之所以会被你征服，就是因为他感受到了你的专业、你的自信、你的熟练度，这就是气场。

身体好：在办公室每天对着电脑十几个小时，脖、颈、腰都痛得要死，出差天天顶着黑眼圈，吃饭也没固定时间，身体早晚会垮。因此，我坚持每周晨跑3次，跑了2个半马，最好成绩为2小时10分……

如果我竞聘成功，我会成为"三好妈妈"，把大家都培养成"三好宝宝"。

值得注意的是，很多人会误把"胜任证据"作为竞聘的主要内容，大谈特谈。这样大家就真的会觉得你在吹牛，从而不选你。因为虽然你很牛，但是你还要带着大家一起牛。因此，你要顾及观众的感受，甚至有时还要主动示弱。

示弱会让大家主动萌生要帮你一把的冲动。学会示弱，你身边的朋友会越来越多，而你的人生也会变得容易很多。

示弱和自黑都是"无关痛痒"的缺点，但不要说"我能力不足"，你没有能力还来竞聘，岂不是耽误大家的时间吗？这不是"示弱"，是"真弱"。

3. 工作计划（Plan）

工作计划就是对自己所竞聘的岗位的规划，并拿出行之有效的方法。

诸葛亮的《隆中对》就是一个名垂千古的工作计划。诸葛亮还没有"出山"之前，也就是还没竞聘上岗之前，就设计出了"**魏蜀吴三分天下**"的规划。

第一步：占荆州，英雄有用武之地。

第二步：吞益州，成霸业，东联东吴，北抗曹操，三分天下有其一。

第三步：待天下有变，派荆州兵马向宛、洛，派益州兵马向秦川，成就帝业，复兴汉室……

从赤壁之战到汉中之战，一切都在计划之中，若不是关羽大意失荆州，历史恐怕就要被改写。

这是竞聘演讲中最最重要的一部分内容。试想，如果一个人在台上空喊"我一定要做好工作""我一定会做好工作"，却没说做什么、怎么做，观众怎么可能会相信呢？

比如上面的那个学习委员的工作计划。

我的改革措施着眼于"整体效益"的提高，着力于"帮差补缺"的落实，着意于学习方法的"升级换代"……"帮差补缺"的做法是，根据不同学科的学习情况，让成绩较好的同学与成绩较差的同学结成小组，实行"帮带"措施，各小组之间开展整体竞赛，看哪个小组的整体成绩提高得快……

4. 承诺拉票（Promise）

光说"请大家投我一票"还不够，应强调投票给"我们"，因此要

承诺一个和大家相关的愿景。例如，请大家跟我一起去建设一个更好的公司

《知否知否》的男主跟女主求婚的时候就说："我不敢说有天好地好，但我敢说，从今往后，我在男人堆里算老几，你就在女人堆里算老几！"

我们竞聘销售总监时就可以说："如果我成功担任销售总监，我保证带领团队在一年内实现 2000 万元的利润，团队人均收入增加 30%，三年内实现市场占有率排名行业前三的目标。"

另外，很多人在竞聘最后会说一句："自己如果失败了，也能够坦然面对。"这样观众一点压力都没有了，他们觉得反正你能坦然面对，我不如把票投给另外一个不能坦然面对的人，心理更舒服点儿。所以千万可不要这么说，要像前面的准学习委员那样，他说："走过，路过，千万不要错过！快投我一票，你的学习成绩一定会更上一层楼！谢谢！"

关键时刻——授课教学，老师讲好一个知识点的"6E"逻辑

很多老师硬是把自己从讲师变成 PPT 讲解员，上课就用写有大段文字的 PPT 照着念，这就是一颗行走的"安眠药"啊。"6E"逻辑是指吸睛导入（Eye）、激活讲解（Explain）、示范举例（Example）、练习反馈（Exam）、脑洞大开（Extrapolation）和回顾总结（Echo）。

1. 吸睛导入

吸睛导入就是在授课过程中特别设计"引人注意"的环节，激发学生的求知欲，让学生以极大的兴趣和激情投入到整个学习过程中去。

例如，在"向上沟通"课程中，就可以使用道具开场——用热播剧《长安十二时辰》的视频吸睛导入。

2. 激活讲解

很多老师在台上的讲解十分复杂，台下的学生根本听不懂。学员不是你，没有你完整、高深的知识体系，所以你要有一个翻译过程——把你要说的知识变得通俗、形象、有趣，这就是老师最高的境界了。遇到这样的老师，一定要珍惜。

例如，我曾经参加公司产品培训，老师介绍了"嵌入式"技术——"针对某个应用，一个软硬件可裁减的，对体积、功耗、成本等有严格要求的计算机系统。"老师的介绍听得我云里雾里，于是我自己翻译了一下，嵌入式就是只有一个应用的电脑。

大家都知道电脑，电脑有很多应用，比如你可以用电脑上网、听歌、看电影、看照片，甚至还可以开发程序……但是嵌入式系统只有一个应用。例如，把听歌的应用单独拎出来，做成一个电脑，这个电脑就叫 MP3 播放器，MP3 播放器就是嵌入式系统。再例如，把控制冰箱的应用单独拎出来，做成一个电脑，这个电脑叫智能冰箱，智能冰箱也是嵌入式系统。把嵌入式系统和手机、电脑联网在一起，就是物联网。你就可以通过手机或电脑，随时随地了解冰箱里食物的数量、保鲜保质情况等信息。

因此，老师不应是知识的搬运工，而应是知识的拆卸工。

3. 示范举例

如果讲的是方法、工具，就要示范，让学员看你是如何使用的。

如果讲的是概念、理念，就要举例，让抽象的概念具象化。

例如，幼儿园老师教小朋友擦屁股，老师把两个气球绑到一起，再绑到小椅子后面，充当屁股模型，看上去确实比较形象。接着老师坐在小椅子上示范，自己拿着纸，回头擦气球（屁股），如果没有擦干净，还可以把纸折一下，然后再擦一次，这样既能节省纸张，还不会碰到手上。看到这么直观的示范，忍不住给这位老师点赞。最后就是学生们轮流上前实操。

示范和举例要有新意。当马云听到公司内还有人在培训中讲"如何向和尚卖梳子"的例子时，立即把对方开除了，对此我非常赞同。很多所谓的"老师"，就是听了几堂课、读了几本相关的图书，就开始给别人上课，真的是"毁"人不倦。

在选择老师时，我看的是这个老师他所讲的是不是他平时所做的，老师教的内容应该是其从自己的亲身经历中提炼出来的示范和案例。这样才能帮助学员理解、学会其所讲的内容。

4. 练习反馈

我在课上经常说，"眼会"和"手会"是完全不同的概念，学员没有经过练习并得到老师的反馈，马上就被会打回原形。老师在授课时应根据不同的知识点使用不同的练习手段，如果允许，应该让每个学员都有练习的机会。

对于技巧类知识，就是要多进行实操，比如做 PPT。

对于赋能类知识，就是要让学员答题，比如讲完绩效考核方面的内容，可以让学员通过答题来思考回答如何改进现有绩效考核制度。

5. 脑洞大开

《荀子·儒效》中说："不闻不若闻之，闻之不若见之，见之不若知之，知之不若行之。学至于行之而止矣。"这句话的意思是，没听见不如听见，听见不如看见，看见不如了解，了解不如去运用，学习达到应用的目的也就可以停止了。因此，老师需要在课堂上对于每个知识点设置"脑洞大开"环节，确保学生会应用。

在 PPT 营销力课程中，我每讲完一个知识点，都会设置"脑洞大开"环节，告诉大家这个知识点还能如何应用，并鼓励学员做脑洞作业。

举个综合案例。

吸睛导入——

客户觉得贵怎么办？（问题开场）

激活讲解——

教大家一个方法——价格锚点。价格锚点是由奥斯基于 1992 年提出的，即消费者在对产品价格并不确定的时候，会采取避免极端原则和权衡对比原则来判断这个产品的价格是否合适。

也就是先给出一个高价产品，再给出一个低价目标产品，从而引导消费者快速决定购买目标产品。

示范举例——

半年有效期的流量包 10G，60 元；

一年有效期的流量包 36G，80 元。

消费者觉得一年有效期的流量包实惠，于是购买了该产品。半年10G 要 60 元就是作为一个"价格锚点"来突出一年 36G 只要 80 元。在卖出东西的同时，要让消费者感觉产品非常实惠，花钱花得开心。

再例如，苹果手机按照 16G、32G、64G 三个容量来定价格，64G的最贵，32G 的又比 16G 的贵一些，结果选择 32G 容量的消费者最多，这里 64G、16G 容量的价格就是价格锚点。

练习反馈——

【题目】假如你跟你老公一起在家里，你想让他拖地："老公，能不能把地拖一下？"一般老公不会说"能或者不能"，他会说"等一会儿再拖"。等一会儿你去催他："什么时候去拖？"他会告诉你"马上"。过一会儿你再去催他"什么时候拖"，他就会觉得你很强势，他不幸福。如何用"价格锚点"套路老公？

【答案】"老公啊，我今天好累啊，你能不能把碗洗一下，把衣洗一下，顺便把地拖一下？"然后你看着他，一脸可怜巴巴的样子，再跟他说，"算了吧，老公大人也很辛苦，你就把地拖一下吧，剩下的交给我。"此时他就会觉得你很体贴，他很幸福。一堆活儿（洗碗、洗衣、拖地）就是一个活儿（拖地）的价格锚点。

脑洞大开——

买双 3000 元的皮鞋，免费送你 80 元的鞋油，你觉得没什么，甚至会觉得商家抠门。因为你会潜意识地拿 3000 元与 80 元进行比较，我买了 3000 元的东西，就送个 80 元的东西，一般般啦。但是换种方式，你只要加 1 元，就可以用 1 元抵扣 80 元，获得品质非常好的鞋油。这时，你会觉得开心，因为这次你比较的是 1 元和 80 元，用 1 元钱换了 80 元的东西，非常值。

6. 回顾总结

普通的回顾总结就是老师干说："让我们来总结一下学了哪些要点，第一点……第二点……第三点……"那么如何让回顾总结变得很有趣呢？答案是把学习自主权交给学员。

（1）抢答。

"找个同学帮我们回顾一下，刚才我推荐了哪三个网站？"

（2）车轮战。

一组出题，另一组负责回答，每一组都有出题机会和答题机会。在这个过程中，学员复习一遍，出题一遍，答题一遍，检查对错一遍，至少对重要知识点学习 3~4 遍，想忘掉都很难了。

关键时刻——拿单谈判，销售演讲的"关门"逻辑

假如你做销售演讲，是做零售还是做批发？

当然是做批发！一对一的销售相当于零售，一天最多也就见十个客户；一对多的销售演讲形式，一次就能面向几百、几千个客户，搬到线上就更多了，相当于批发，可以提升几倍到几十倍的业绩。

销售演讲的过程就是一步步的"关门"过程，即一步步满足客户的需求，关掉所有客户拒绝的"门"。哪扇"门"没关好，客户就会从哪里溜走，关掉所有"门"，客户只剩下购买了。另外，销售时要让客户自己说服自己选择你，千万不要说"相信我，没错的"，人是很难被说服的，除非他自己想做这件事情。

为了关"门"，首先你需要了解都有哪些"门"。

第一道门：痛点门（我为什么要买）

99% 的观众都处于"不疼不痒"的状态。因此，我们要找到客户的痛点，把痛点变成客户的刚需，使客户愿意花钱解决。

例如，我曾经参加过一个免费的销售讲座，讲师上来就说："在这个时代，我们做销售的很苦，为什么呢？一是客户早就对传统的销售行为，比如陌生拜访、电话销售、群发邮件等越来越反感和抗拒；二是客户也早已对各种销售话术、销售演讲、成交技巧越来越免疫。客户的典型心态是：我知道你的存在就可以了，别向我推销，等需要的时候我会找你的。不知道大家有没有这样的感受和经历？"台下观众纷纷点头表示认同。该讲师顺利关掉了"痛点门"，带观众走向了下一道门——方案门。

第二道门：方案门（我买的是什么）

销售讲座的讲师接着说："我有一套 ×× 销售系统，在接下来的 30 分钟内，我会分享给你其中一个方法，掌握了这个方法就可以让你的业绩翻番。"听到这里，我感觉讲师有点吹牛。但是，当听到 10 分钟的时候，我就觉得大开眼界，讲师所讲的的确是一流的方法，并且是可行的。一边听我一边想，他还提供什么收费课程吗？我想学全套。

当听完 30 分钟课、讲师开始介绍付费课程的时候，我就毫不犹豫地报了名。因为我知道，即使我不购买课程，他分享的方法和思路已经让我看到了一个新的世界，但是单纯靠自己摸索，还不如让老师再带我一程。

关掉方案门是为了快速取得客户的信任，有两个操作要点，以李佳琦为例。

1. 批评行业

主动批评一些品牌太小气，购物都不送小样赠品，类似的还有各种"把价格打下来！"都能快速获取观众的信任。

2. 以退为进

吐槽一些口红颜色，不推荐给大家使用；劝新粉丝和不适用的粉丝谨慎下单，第一次就少买一点，不要乱买。如此一来，观众会觉得——这是自己人没错了！

第三道门：案例门（我为什么要跟你买）

客户要买产品，但是跟你的竞争对手买，甚至跟你的同事买，就是不跟你买，怎么办？特别是保险销售、微商、房产中介……品牌、产品、价格都差不多，怎么办？此时，你要赋予产品一种差异化，也就是打造你在本行业的个人品牌。说到底，客户买的不是产品，而是你这个人的专业服务（参考第四章的《打造个人 IP，积累私域流量》）。

第四道门：优惠门（我为什么要现在买）

优惠是最后一道门。销售常见的错误，就是在第一道门，即客户还不想买产品的时候，就开始给优惠。比如"这个产品的价格是10000元，你如果从我这里买，我会给你个优惠，8000元"。这样客户马上就不信任你了，他们会想：这个8000元还有多少水分呢？

优惠门的关键就是三限促单法，限时、限量、限优惠。

限时：比如仅限 3 天、"双 11"、错过再等一年、秒杀、优惠券 1 天后过期……都是限时。再比如，"原材料已经涨价了，下一批货不能按照原来的价格再卖了，年后就要涨价"。年后涨价也是变相限时。

其实限时越短越有效，因为什么都来不及想了，赶紧抢下来再说。想想团购页面为什么要有倒计时，并且是用秒，甚至是毫秒来计时，而不是分钟？

限量：每人限购两件等。

国外有项研究发现，限制购买数量能够增加 50% 的销量，即使你写上限购 20 件，也会有效。限量还能提高产品在消费者心中的价值。

当李佳琦说出"所有女生听清楚了，3、2、1 上链接！开抢！就 2000 套（限量）！赶紧抢！还剩 300 套，快，100 套，好，没了！"时，观众会像服从军令一样去下单。李佳琦真的是很会营造一种紧迫感，激发观众冲动购买，只要有一个人购买了，从众心理就会让更多的人买，买不到，就像错过了一个亿。

限优惠：5 折等。

注意不要无条件地给予优惠。如果你给了客户优惠，你就一定要得到一些回报，否则客户不会珍惜。比如别墅装修，客户要得到价格优惠，可以申请成为"样板客户"——允许公司对装修前后的状况进行拍照、宣传，装修期内，在庭院放一个广告牌，同时需要今天下单付款。

成交率的高低，在很大程度上取决于"关门"的质量。"关门"的流程都是经过不断实操和迭代趋于完善的。

另外，有些销售演讲一听就感觉"传销气"太重：大家都很需要钱，是还是不是？挣钱非常重要，挣钱最重要的是什么？……这样说会让观众很反感。

这个世界上什么人的钱最好赚？越想挣钱的人的钱越好赚。如果有人着急拉你做生意，有三个原因：（1）他想赚你的钱；（2）他想让你帮他赚钱；（3）他想拉你来填坑。

关键时刻——融资演讲，七步打造让投资人青睐的路演演讲

我看过不下百余个商业计划书 PPT，不算多，但也多多少少总结出了一些经验：路演演讲的标准时间是 8 分钟，10~15 页 PPT 足矣，一句

废话都不要讲，因为投资人的日程很紧凑，他们要阅览、讨论、筛选、考察项目，忙得很，并没有多少耐心。以下七步，可以帮助人打造让投资人青睐的路演演讲。

1. 项目概要

在融资演讲中，最好用一句话介绍项目在哪些领域能解决哪些问题，从而抓住投资人的眼球，让他们产生兴趣，愿意再看下去。当年杰克·韦尔奇刚上任通用电气 CEO 时，请管理学大师德鲁克来公司做咨询顾问，韦尔奇叫上了所有的高管来学习讨教。德鲁克提出的第一个问题就是："你们公司是做什么的？"

韦尔奇说："别开玩笑了，我们通用电气，这么大的公司，谁不知道我们。我们花了这么多的钱请您来，您怎么问出这么简单的问题？"

"请告诉我，你们公司是做什么的。"德鲁克坚持问道。

"我们是做……"

"我们是做……"

"我们是做……"

高官们你一嘴我一嘴，讨论了整整 6 个小时，还没有一个人能说清楚通用电气到底是做什么的。

今天你搜索"GE"，映入眼帘的一句话介绍就是——通用电气是全球数字化工业公司。

一句话介绍其实是最考验创始人、企业家能力的一件事情，凡是一句话讲不清楚的创业项目，往往很难做成功。很多人总怕自己的介绍不够完整、详细，讲商业计划 PPT 时十分啰唆，或者故弄玄虚，观众根本不明白他们到底是做什么的、有什么价值。

好的创业项目和好的商业模式，都是一句介绍顶一万句，甚至最牛的都不需要一句话，一个词足矣，比如百度就是搜索、阿里就是电商、腾讯就是社交、新浪就是新闻、360 就是安全、滴滴就是出行等。世间万物，简单就是一种极致！

下面我将介绍三种方法，让你学会一句话介绍项目，让投资人眼前一亮。

（1）"公产功用痛"。

公：公司名称。

产：提供产品或服务。

功：使用核心功能。

用：帮助目标用户。

痛：解决痛点问题。

即 ×× 公司通过产品或服务的某核心功能帮助目标用户解决痛点问题。

例如。

公：公司名称 | 易效能®；

产：提供产品服务 | 提供系列课程；

功：使用核心功能 | 时间管理；

用：帮助目标用户 | 帮助全球一亿人；

痛：解决痛点问题 | 提升效能。

一句话介绍就是：易效能®通过提供系列时间管理课程帮助全球一亿人提升效能。

再例如。

公：公司名称 | 陌陌（momo）；

产：提供产品服务 | 移动社交工具；

功：使用核心功能 | 基于地理位置；

用：帮助目标用户 | 你；

痛：解决痛点问题 | 认识周围任意范围内的陌生人。

一句话介绍就是：陌陌（momo）是一款基于地理位置的移动社交工具，你可以通过陌陌认识周围任意范围内的陌生人。

再例如。

公：公司名称 |《单点突破》；

产：提供产品服务 | 这本书；

功：使用核心功能 | ——；

用：帮助目标用户 | 新手创业者；

痛：解决痛点问题 | 寻找创业机会，思考商业模式。

一句话介绍就是：《单点突破》这本书致力于帮助新手创业者寻找创业机会，思考商业模式。

（2）核心功能，输入 A、输出 B。

特拉维斯·卡拉尼克（Travis Kalanick）把 Uber 描述为一个手机 App，在这里你只需要点击一个按钮，5 分钟内就会有一辆车来接你，带你去你想去的地方。

输入 A：一个手机 App，在这里你只需要点击一个按钮。

输出 B：5 分钟内就会有一辆车来接你，带你去你想去的地方。

该方法将"你的产品能为用户解决什么重要的问题"简化为"用户一个简单的动作，就会得到想要的结果"，可以一句话描述产品。

今天，Uber 更是将其简化为"点一下按钮，开始乘车"。

输入 A：点一个按钮；

输出 B：开始乘车。

非常有吸引力。

Uber 还有其他很多功能，但是特拉维斯只说一个简单的核心功能，使其产品容易被理解和记忆。当然，更重要的是，这样更容易让人们在生活中谈论起公司的产品或服务。能够被广泛传播的产品都有一个"核心功能"。

再来看看百度的一句话介绍。

输入 A：百度一下；

输出 B：你就知道。

Airbnb 的商业计划书 PPT 的第一页就只有一句话："除了酒店，你还可以在 Airbnb 预定早餐和房间。"

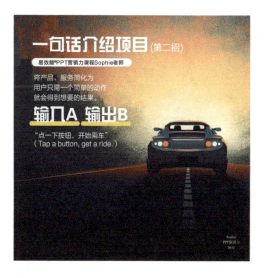

输入 A： 在 Airbnb（网站）。

输出 B： 预定早餐和房间。

这样的介绍很到位，没什么高大上的模式、概念词汇，就是实实在在地讲清楚一个价值：给用户提供了一个创新的住宿解决方案。秉承路演演讲原则——说实话、干实事，不忽悠自己，也不忽悠别人。

（3）类比 A 是 B。

该方法就是将你的公司与另一家知名公司、产品相关联。例如，最开始 YouTube 的一句话介绍就是——视频里的 Flickr。看到这观众就会明白：Flickr 是著名的图片分享网站，那 YouTube 就是著名的视频分享网站。

最开始马云用一句话介绍淘宝，用的就是——中国的 eBay。看到这观众就会明白：eBay 是美国的 C2C 电子商务网站，那淘宝就是中国的 C2C 电子商务网站。

再例如，"口红一哥"李佳琦在介绍他的直播间时就只有一句话："我的直播间就是电商直播的 Costco（低价优质超市）。"进一步的解释是："只做最精最优的产品，给客户最少的选择，让客户解决掉选择困难症，把毛利润降到最低，把所有的利润都返还给顾客。"

帮助客户解决问题（痛点），满足客户需求，客户就愿意支付金钱购买你的产品或服务。

类比 A 是 B 公式也可以用在一句话自我介绍上，比如我们有学员介绍自己是"家居行业的董明珠"。再例如，饿了么创始人张旭豪说自己创业 9 年成了"小马云"，要把 395 亿外卖帝国做成餐饮业的"淘宝"。

除了正向类比 A 是 B，还可以反向类比 A 不是 B，比如用一句话介绍汽车——没有马的马车。

这样介绍就很自然地体现了产品的核心价值。

一句话讲清楚自己的项目，这句话就是你的商业计划书的封面，只需加上项目 Logo，不要再写公司名称，或者商业计划书，投资人在决定投你之前根本不关心你的公司叫什么，他们只关心你们是做什么的。

商业计划书在本质上就是一本推销手册，投资人收到商业计划书后，会快速扫描，基本一分钟就读完了。所以一份商业计划书最主要的一点就是直奔主题，只讲重点，投资人喜欢的是那些能够在最短时间内提供最多价值的创始人，而你的商业计划书是证明这一能力的最好方式。

一句话介绍的原则如下。

（1）把复杂的事情讲简单。

未来我们都要做"一句话先生"或者"一句话小姐"，一句话的背后就是你系统思考最精炼的表达。

（2）突出差异化定位。

如果别人也能用这句话介绍，你就不要再用了，比如"让世界变得更好"这句话很多人都在用。你看小红书的一句话介绍——"和全世界好看有趣的年轻人一起找到想要的好生活"就很直观、明了，非常直接地传达了公司理念，即要做的就是"年轻人"的生活方式平台，集社交网络和购物商场于一体的 App。

有些人认为一句话太简单。同意！但要注意，一句话是谈话的开始，不是结束。在绝大部分情境下，投资人和客户对你的关注少得可怜，根本不会给你机会一次性讲一个完整故事。此时，你就要先使用一句话介绍获得投资人的关注，这样你才有机会讲完剩下的故事。

2. 产品服务

我们是如何解决问题的？在此我推荐"金产品介绍模型"。

- 对于目标用户而言，他们并不满意某件事情。
- 我们的产品和服务能够解决这件事情，能够提供解决方案。
- 不同于竞争对手，我们的产品是这么干的。

以共享单车为例。

对于上班族（目标用户）而言，他们并不满意地铁、公交站和住所、公司之间 0~3km 的距离需要步行完成。（某件事情）

我们的共享单车（产品和服务）能够解决上班族"最后 3 公里"的短途出行需求，能够提供自行车租借平台。（解决这件事情）

公共自行车（竞争对手）都是固定桩的，借、还都在固定地点进行，且用车之前还要到指定地点办理租车卡才能用。另外，居民对于自行车停放的位置不了解，找车费时费力，甚至找不到车。

共享单车通过 App+ 单车 + 智能锁 +GPS 定位技术，车辆停放无需固定桩，随停随走，用户可以查找附近空闲车辆，线上支付方便快捷。（我们的产品是这么干的）

以拼多多为例。

对于居住在四五线城市、农村的人（目标用户）而言，

他们并不满意收入没涨、商品价格却在涨（某件事情）。

我们的拼多多 App（产品和服务）能够将低价产品通过电商平台卖给他们，能够提供大量低价产品，比如我们平台的苹果可以做到 15 元 10 斤，非常具有诱惑力（解决这件事情）。

不同于淘宝、京东（竞争对手），拼多多通过三人拼团的方式，让用户主动把商品分享给身边的朋友，一次成单，三人购买，大大降低了流量获取成本。基于微信，让四五线城市不太会用网购的人也会用拼多多（我们的产品是这么干的）。

以 Airbnb 为例。

对于旅行订房用户（目标用户）而言，他们并不满意酒店的价格相对比较高，而且远离了当地的人和物，感受不到旅游地的文化和风情（某件事情）。

我们的在线订房平台（产品和服务），能够让房东将多余的房间租给旅客挣钱，房客住在房东"家里"，比同地段酒店便宜，又能体验当地人的生活（解决这件事情）。

能够提供搜索城市—查看房间列表—订房功能。

不同于传统酒店（竞争对手），Airbnb 通过多样化、个性化选择，比如树屋、船屋、水屋等，获得独特的住宿体验；房东提供特色行程规划，使游客融入独特的城市文化与生活中（我们的产品是这么干的）。

另外，你也可以把产品或服务带到路演现场，让所有的观众和投资人直观地感受到你的产品是怎么样去解决某个问题的。

3. 商业模式

我们是如何赚钱的？能赚钱的商业模式就是好模式。

以共享单车项目为例。

租赁收入：按计时收费，1.5 元 / 半小时。

广告收入：在 App 端设置广告位，收取广告费用。

流量收入：为合作方导流，收取佣金。

以 Airbnb 为例。

Airbnb 会从每笔交易中收取 10% 的佣金。

4. 市场规模

到了第四步，投资人一定会思考：你的项目有意思，你给出的解决方案也很好，但是这个项目到底有多大的市场呢？如果这个项目没有太大的发展空间，那么我的投资回报也是有限的。

市场规模的呈现方式一般由三部分组成：

一是现有规模；

二是未来增速；

三是市场盘子和你有什么关系。

第三点最重要，但是最容易被忽略。市场是大家的，别认为自己能够吃下整个市场。投资人更关心行业这么大，跟你有什么关系？哪部分是你的市场？用多长时间可以做到多少占有率？

下面是 Airbnb 的商业计划书中的市场规模 PPT 页面示例。

很多人在介绍市场规模时引用大量权威报道、数据报告及市场需求调研报告，这样就显得喧宾夺主了。同时，投资人对你所在的行业十分熟悉，如果他们不熟悉你的行业，往往不会给你介绍的机会，因为投资的规则之一就是不投不熟悉的领域。所以你只需要讲与你项目最相关、最重要的几个点就可以了。

5. 竞争优势

前四步讲完以后，投资人一定会想：这么好的项目，这么好的市场前景，如果这个项目谁都能干，为什么要投资给你？此时，介绍的关键不在于项目的大小，而在于你能比别人干得好，即介绍自己的竞争优势。

这里给大家介绍一个超级好用的 ABC 法。

A 公司很大牌，但 A 公司没时间做、不屑于做，或者体制僵化，做得慢。

B 公司很专业，但 B 公司营销差，做了也不会有人知道。

C 公司先做了，但 C 公司没技术或质量不行。

A+B+C= 我，我就赢了。

以人造肉项目为例。

A 公司等大牌肉制品公司尚未启动人造肉业务，只是在密切关注，因为它们的传统业务很赚钱。

B 公司等少数"人造肉"公司的商业化程度落后，还停留在试吃阶段。

C 公司等主打"人造肉"科技概念，目前尚处在"碎肉阶段"，不具备"人造肉"核心技术能力。

而我 =A+B+C，有技术、有市场、有产能。

有技术：与高校合作研发的第二代植物肉已接近国际水平。

有市场：与餐饮企业合作，共同推出"人造肉"合作餐品，如未来汉堡，上市不到一个小时就被抢购一空。

有产能：有五条人造肉生产线，年产量可达到 20 000 吨。

以少儿线上编程教学项目为例。

A 公司进入市场较早，课程丰富，但是主要面向成人。

B 公司借用第三方软件，安装麻烦、使用受限、用户体验一般。

C 公司仅有线下业务，还未开展线上业务。

而我 =A+B+C，面向 5~15 岁少儿图形化编程，自主研发了线上教学平台和双师教学模式，无地域限制。

不要说"我们没有竞争对手"，否则会显得太浮夸、没见识，就算真的没有，你要相信很快就会有。因此，你要时刻确立自己的竞争优势。

6. 团队介绍

投资就是投团队。如果团队靠谱，项目可以再换，即便是同样的项目，不同的团队操作，其结果也不一样。投资人在看你的商业计划书、听你路演演讲之前，很有可能就已经看过、听过类似的项目，已经很有兴趣，只是还没有遇到让他们一见钟情的团队。

在介绍团队时，应注意禁用"技术高超、经验丰富"等假大空的套话，而要用数据、案例、背书来证明你的团队有多优秀（参考第四章中关于自我介绍公式 MTV 的内容）。另外，你所介绍的团队优势要与创业项目匹配，比如你之前是做餐饮的，但是转行去做健身，就不匹配。隔行如隔山，盲目地进入一个行业，成功的概率很低。

7. 融资策略

我要融多少钱？钱要怎么花？能做成什么样子？如果你拿钱去投别人，肯定也特别想知道，别人把你的钱花到了哪里？花了钱，你能得到什么？融资策略一般是在未来的 6 到 12 个月，对未来的用户数增长、销售收入的一个预期。

例如，Airbnb 希望融资 50 万美元，12 个月把交易量做到 8 万笔，营收 200 万美元。

融资并不是越多越好，而是适当最好，就像沙场点兵一样，并不是所有人都有韩信的才华，可以多多益善的。

如果路演时间较短，第七点可以不讲或者不展开讲，如果投资人对你的项目感兴趣，后续他会主动问你，为你操心，路演演讲的头等目标就是后面可以一对一、面对面地约谈投资人，能够实现这点，你的路演演讲就是成功的。

把这七步缩写成路演极简公式就是：我正在干一件什么事情，这个事情将成为什么样的存在，我决定让你出多少钱……你学会了吗？

关键时刻——年终总结，升职加薪的"七要"逻辑

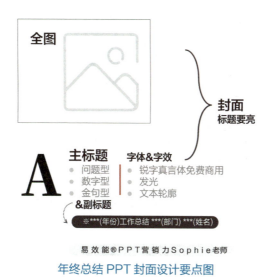

年终总结 PPT 封面设计要点图

十余年的工作经验告诉我，年终总结非常重要，因为它很可能决定自己这一年来的辛苦会得到怎样的定论与评价，也就是说它决定了你的年终奖、年度评优、明年岗位竞聘、薪资调整等。所以，你的年终总结要做到以下七点。

1. 标题要亮

亮标题有三种类型：问题型、数字型和金句型。

（1）问题型，参考本书中的"'有问题'的标题"一节。

销售部——"从职场新人到职场新星，我到底经历了什么"。

财务部——"是什么让我们的利润翻番"。

市场部——"我们是如何让公司站在行业 C 位的"。

（2）数字型，会让别人清晰地看到利益点，以及简化事物的理解难度。

渠道运营——"3 个质量最高的获客渠道"。

项目部——"5 个千万级项目实战中学到的 4 个方法"。

（3）金句型，脑洞大开！

HR 招聘——"没有挖不动的墙角，只有挥不好的锄头"。

研发测试部——"不放过一个 BUG"。

2. 逻辑要清

年终总结最忌讳流水账式的讲述，需要有一个逻辑。

（1）标准逻辑。

年度工作总览（引言要精）。

亮点工作展示（业绩要显）。

工作不足改进（不足要有）。

明年工作计划（计划要细）。

（2）创意逻辑。

前文介绍的三点式逻辑中的同字提炼法就很好用。例如，标题"从全职妈妈到职场女战士，我到底经历了什么？"的逻辑可以是：战绩（引言要精）、战场（业绩要显）、战友（不足要有）、战略（计划要细）。

3. 引言要精

引言就是要用最亮眼、最数字化、最提纲挈领的方式，集中展现工作成果，起到"摘要"的作用，让别人（主要是领导）仅仅看一眼开头，也能快速了解你一年来的工作成绩。例如，"我们成功地打入了 235 个三四线城市，涉及 1000 多万潜在销售客群，最终产品销量提升 84%，利润增加 69%"。

再例如，"微信公众号文章 56 篇，涨粉 3 万；知乎问答 90 个，涨粉 18 万；领英文章 28 篇，涨粉 1 万"。

　　写工作总结最痛苦的是不知道写什么，或者知道写什么，但是没有东西可写。这一切都是因为没有养成写周检视的习惯。有了周检视的习惯，你只需挑最有成就的工作来汇报就可以了。实在没有，你可以进行头脑风暴，把想到的点记下来。在草稿阶段，要把这一年做过的事情，按照时间顺序像流水账一样列出来，然后运用 MECE 分析法对内容进行分类，按照主导—参与、琐事—里程碑的结构对其进行分级。

"里程碑"就是与公司战略目标一致的工作。

"主导"就是自己作为核心人员参与的工作。

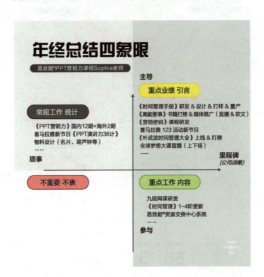

（1）**主导 - 里程碑就是重点业绩——引言**，即由你主要负责的，与公司战略目标一致的工作。一定要突出对公司核心业务的贡献，千万不要说自己多辛苦，都干了些什么，你要先从公司的核心目标出发，突出对公司核心业务的影响。

例如，公司今年的战略目标是开发海外市场。

销售可以说："今年我新签了三个海外大客户。"

人力资源人员可以说："快速为公司招聘到了合适的外贸人才，3个月招聘核心骨干 7 人，让公司海外业务无障碍启动。"

……

这样会让老板觉得你是一个头脑非常清楚、有大局观的人。

（2）**参与 - 里程碑就是重点工作——内容**，即由你参与的，协助公司战略目标达成的工作。一定要抓住这一年来的工作重点和几个突出的成绩、亮点来阐述，不能让领导产生"事情做了不少，但都印象不深"之感。

（3）**主导 - 琐事，就是常规工作**，即由你主要负责，维持公司正常运转（非战略）的工作。这类工作要做好统计，比如"2020年受理信访件29件，其中承办教育厅转来信访件10件，书记、校长信箱收到信访件16件，纸质信访件2件，当事人来访1件，做到事事有回应，件件有落实"。介绍这类工作的关键在于体现自己既注重重点工作，也不落下日常工作。

4. 业绩要显

不要以为大家同在一个办公室工作就互相非常了解了，其实你的大部分同事甚至包括你的老板并不知道你具体在做什么。例如，很多人以为我就是个做PPT的，要是真这么简单就好了。因此，在年终总结中，你要凸显你的业绩，让大家知道你都做了哪些工作。

（1）有数字。

参考"数字化＋可视化"组合拳：释放数据的力量。

空洞化业绩：举办很多活动。

数字化业绩：举办12场活动。

视觉化业绩：占全年／区域活动的35%。

重点是多走一步，比出关键数据！哪个有利，就跟哪个比。

和任务比：完成年计划的120%。

和去年比：同比增长50%。

和公司其他业务＼团队比：公司销售排名第一。

和行业比：在行业平均增速为 5% 的背景下，实现了 10% 的业绩增长。

和钱比：今年加强财务管理控制，运营成本大幅下降，为公司节省了 60 万元。开源和节流是老板永远的爱，如果你不能证明自己开源有方，就努力证明自己节流有数。

无法量化或不适合量化的内容，可以引用他人的反馈。例如，怎么才能表达出自己在客户关系维护方面做得很好呢？可以举例说公司今年周年庆的时候，有客户专门从海外赶过来祝贺，或者直接列出客户好评截图。

（2）有故事。

除了数据，我们做到了什么，可能老板已经都知道了。老板可能更想知道我们是如何做到的，也就是故事化你的业绩。此时，你要做的不是重复单调乏味的数据，而是让你的老板和同事看到他们平时没有看到的那些细节。

2...
解释：
类比...
而是...
1...
就把...
子，...
H

树叶 故事

HIT大法：
- 幽默（Humor）
- 画面感（Image）
- 神转折（Turn）

果实 行动

- 观众可以带走的
- 被观众传播的金句、
- 让观众改变的行动
- ......

树根 能量

- 调动感情
- 现场互动
- 输出/倒逼

 彩蛋

- 6步准备高光演讲
- 现场突发状况化解方法

树叶 故事

- 性格特征
  - 偏执型人格
  - 悲惨型经历

- 自黑 关联型演讲
- 自黑 反击他人实力
- 自黑 表达实力

注意事项：
- 自黑 ≠ 自贬 = 自信
- 自黑 ≠ 谦逊 = 自夸

- 停顿1+重读词/句
  +抖包袱B+停顿
- 可以缩写而成
  段子公式一
  AA=AB
  段子公式二
  改编俗语AB=AC
  段子公式三
  A+屎尿屁
  或者猪狗驴

- 或谜底图片
- 或谜底留给演讲者，
- 谜底留给PPT。
- 情理之中留给演讲者，
- 意料之外留给PPT。

记住名字
- 借用画面
- 借用名人
- 借用同类东西
- 借用诗歌
- 借用特殊含义

果实 行动

【自我介绍MTV】
- Me 我是谁？
- Task 我做过啥？证明我牛！
- Value 我的价值？

我是谁
- 傍大款
  公司+
  职位/职业/业务
- 差异化
  垂直细化/横向跨界

树根 能量

【调动感情】
- 场景化：时间、地点、人物。
- 素材化：共鸣故事素材库。
- 敢人化：敢爱真善美，敢恨假丑恶。

- 爱系列
  爱自己/爱别人
  爱国家/爱世界

- 干系列
  梦想/坚持...
- 第一次...
  初恋、初为...
  第一次上台

【6步准备高光演讲】口写逐字稿 → 口对着PPT念逐字稿2遍逐字稿3遍 → 口脱稿对着PPT → 口手...

【现场突发状况化解方法】忘词了怎么办？ → 话筒突然没声了怎么办？ → PPT播...

Sophie老师《PPT演讲力》知识地图

树干 主题
● 观众想听的
● 你想说的
● 场合需要的

树枝 逻辑
● 通用逻辑：
凤头/猪肚/豹尾
● 定制逻辑：
年会/面试/竞聘
授课/销售/融资
年终总结/主持

树干 主题

【观众画像】
讲给谁听？ →想听什么？ →咋时候讲？ →讲多长时间？ →目的是啥？
"双标"原则　卖点公式=　2天写逐字稿　15分钟×200字/分钟
副标题说事情　产品特点　和思维导图　=3000字
主标题摘事情　+产品优点　3天设计PPT
　　　　　　　+用户利益　2天演练演讲

树枝 逻辑

【凤头】
● 万能开场白
● 道具开场
● 问题开场
● 承诺开场
● 想象开场
● 震惊开场

【猪肚】
"三点式逻辑"
&升级玩法
● WWH黄金大法
● 同字提炼大法
● 字词拆分大法

【豹尾】
● 问题结尾
● 金句结尾
● 二次传播
● 号召结尾
● 点题结尾

【年会演讲】
● 问候和感谢
● 喜悦开场
● 成绩不足
● 报喜也报忧
● 未来一年咋干
干成啥样？
● 再次强调使命

【面试演讲】
● 自我介绍
MTV模式
● 最大优点
星星（STAR）模型
Situation（环境）
Task（任务）
Action（行动）
Result（结果）
● 最大缺点
缺点+表现
+反思+改进
● 职业规划
①岗位契合
②3~5年不离职
③管理路线or
专业路线

【类型】
2...

【段子公式】
段子公式一...

【PPT捧哏】
直接找到...

【自黑法】
外形特点
...

以故事化述职为例。

目标：我们团队负责 ×× 产品的海外市场销售，今年的销售目标是 1000 万元。

成绩：今年的销售业绩是 1200 万元，同比增长 150%，是国内市场增速的 2 倍。

困难：竞争多、价格低……

打法：我们今年的关键打法是参加国际一流展会，重点开拓欧美高端市场……

成长：培养了小 A、小 B 两个销售冠军……

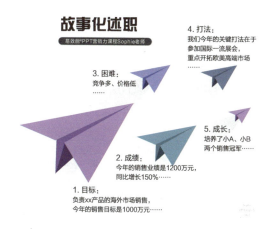

工作成果应一笔带过，然后具体描述出在过去遇到了怎样的困难，这样能够快速地抓住大家的好奇心和注意力，因为人们都更想知道"反转"是如何发生的。所以这个时候，我们应详细介绍自己是怎么想到解决这个问题的思路的。

其实对于公司来说，业务上的指标，无论你完成的是好是坏，它都已经成为过去了，无论你再做什么都不会有任何改变。因此，你的上级其实更关心的是，自那之后我们能不能做得更好一些？能不能把成功经验、失败教训从"个别经验"变成"普遍方法"，做成工具或攻略供其他同事参考，或者拿出来移植到其他项目，从而可以加快效率或避免踏坑？这对整个公司都是有好处的。

例如，"在过去的一年里，我最大的收获是充分认识到了老客户回访的重要性。以前我一直认为老客户并不需要花太多的精力去维护，然而通过统计分析，老客户升级购买和转介绍占到总业绩的 53%，超出一半，而营销成本基本是 0。所以从第四季度起，我就建立起了老客户回访表，保证每周至少完成 10 名以上老客户的回访工作……"

又例如。我的助理 Sendy 制作了教练团服务手册，我将其标准化，保证了教练课程现场服务能给学员带来颠覆体验。

不但自己优秀，还能让其他人变得优秀，领导又怎么会不喜欢这样的员工呢？给你的老板讲一个动人的职场故事吧。

5. 不足要有

在年终总结中，要总结自己的不足之处，给自己留下进步的空间，这样也能让老板看到你敢于正视自身问题，并没有居功自傲。

表现不好，更要总结不足。如果在年终汇报时，你一脸怨气，或者一脸无辜地表示："大环境这么差，我有什么办法？"那么老板想的是，明年应该还是这样的大环境，你肯定还是没有办法，那还是把你开掉吧。大环境不好，大家都知道，但我们需要从黑暗中探索光明，从垃圾中翻出可回收垃圾，需要从过去的一年工作中总结出有用的经验，甚至是教训，从而帮助你在新的一年里做得更好。

不足的重点在改进，而不是指出不足。试想，你去医院，如果医生对你说你得了病，却不给你开药治，你会有什么感觉?

改进要用到 SCQA 模型。

S（Situation）——情景，由大家都熟悉的情景、事实引入。

C（Conflict）——冲突，实际情况往往和我们的要求有冲突。

Q（Question）——疑问，怎么办?

A（Answer）——回答，我们的解决方案是……

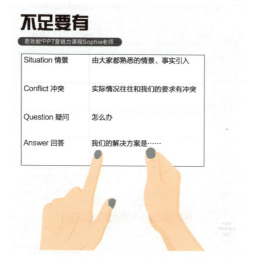

举个例子。

S（情景）——没有完成 20 款新产品设计任务。

C（冲突）——负责其中四款产品开发的项目关键人突然离职，短期无法抽掉人手，导致项目被延误。

Q（疑问）——未来遇到同样的情况时，我们该怎样应对呢?

A（回答）——要给关键人找 1~2 个替补，监控好项目的关键环节。

以上介绍的是自己的不足，千万不要介绍别人的不足，否则后果会很严重。

6. 计划要细

不要拿目标和决心来替代工作计划。一个好计划是这样的：时间点清晰、计划有主次、实施方案详尽、每个环节都有责任人。

目标	计划 以公司/部门/团队年度目标作为计划前提，从各板块出发，阐述配合目标达成的行动计划。		需要的 支持和资源 包括但不限于预算、各部门的配合。对于重点项目，有可能还需要成立项目小组。	行业 观察
	关键 步骤	关键 时间点		

易效能®PPT营销力Sophie老师

7. 感谢要高

你要知道，功劳是越让越多、越抢越少的。放心，即便你把功劳归于老板、同事或其他支持部门，领导也知道是你做出了哪些成绩。你将功劳让与别人，让参与人员觉得受到了鼓励与表扬，他们日后会继续支持你的工作。

关键时刻——上台主持，三招让你掌控全场

很多讲师都是从做主持开始走向正式的讲台的，当主持可以找到讲台的感觉、站在众人面前说话的感觉，消除紧张情绪，增强临场应变能力，逐渐过渡到可以讲更多、更有深度的内容，成为正式的讲师。所以如果有做主持的机会，大家千万别放过。

总结起来，主持人的功效有三个。

第一，搞气氛。

第二，推嘉宾。

第三，顺流程。

1. 搞气氛就是暖场

一个线下活动或培训在开始之前，下面的人有看手机的、有聊天的、有吃东西的——做什么的都有。此时你想让大家注意到你这个主持人，你很可能会说："各位观众请注意，活动马上要开始，请安静。"这种"乞求式"暖场有可能会让气氛弱下来，而一旦暖场的气氛弱了，整场演讲的气氛就很难调动起来。

更加专业的做法是用震撼的开场视频来烘托气氛，从而使观众对接下来的内容很期待。

暖场推荐采用"3+Why"方法——让学员或观众以三个标签介绍自己并说一下为什么来参加这次活动、培训（Why）。

用三个标签介绍自己可以促进学员之间的相互认识。当学员进入一个陌生的教室，面对陌生的同学时，他们往往会放不开，彼此认识后就会放得开了。可以用倒计时的方式看谁认识的人最多，或者彼此送上小

礼品。一般是本组学员之间首先进行，然后扩展到其他组，学员自由行动，可离开座位。"Why"就是让观众、学员说出自己的需求，从而发自内心地认可这场活动、培训的价值。

主持人可以整场走动，在一旁听学员介绍，收集素材，有针对性地主持；还可以反馈给演讲者，有针对性地进行开场、演讲或授课。例如，在 PPT 演讲秀现场，"3+Why"介绍环节结束后，主持人说："有从路途遥远的外地提前赶来的同学，也有第一次过来学习观摩的伙伴……这是一个有爱、有温度、爱分享的大家庭。"这让所有观众都备感温馨。

暖场环节还有一项重要的任务就是关手机。

记得有一次去多伦多开课，串场主持说："为了让大家有更好的环境学习，请将您的手机关机或者调至静音。拍拍身边的伙伴，如果你的手机响了，请把你的手机给我。如果我的手机响了，我把我的手机给你。"观众听后听话地把手机关机或调成静音了。

暖场之后，接下来的重头戏就是推出演讲嘉宾或讲师了，主持人推出得好，观众的投入就高。

2. 推嘉宾的 TIS 公式

第一点是 T（Topic）——主题。

第二点是 I（Importance）——重要性。

活动、课程有什么价值，对观众有什么帮助。

第三点是 S（Speaker）——主讲人。

主讲人的名字、身份、背景、经历、成就等。

举个例子。

T——主题：马上就要开启两天的 **PPT** 营销力课程学习。

I——重要性：职场、商场有一条规律，越是高端、工资高的工作，越需要借助 **PPT**、演讲。例如，如何搞定老板升职加薪的年终总结 **PPT**

演讲？如何搞定客户下单的公司介绍、产品方案 PPT 演讲？如何搞定风投融资的商业计划书 PPT 演讲？如何搞定学员二次传播的 PPT 课件演讲？

S——主讲人：Sophie 老师是微软 MOS PPT 官方认证满分获得者，国内首位受邀到澳大利亚、加拿大授课的 PPT 演讲老师，也是 PPT 演讲培训圈内最大班级百人大班纪录保持者，学员遍布 IBM、阿里巴巴、腾讯、中石油等知名企业。Sophie 老师拥有 10 年专业经验并辅导过万余学员，2+90 天教你搞定、赚到开挂人生——来，伸出小手，用最大的掌声有请，Sophie 老师！

大家可以在 PPT 营销力公众号后台回复"TIS"领取模板，按主题—重要性—主讲人顺序组织内容来准备主持的稿子，时间长了，临时上台也能脱口而出一段有效、简洁的主持词。

再举个例子（叶武滨老师《时间管理》课程）。

T——主题：马上就要开启 2 天时间的时间管理课程学习。

I——重要性：每天的日程计划排得满满当当，雄心勃勃要做完所有的事情，却发现事情根本做不完，忙忙碌碌又碌碌无为，健康拉响了警报，亲密关系亮起了红灯，缺席孩子们的成长成为常态，OMG……时间到底该如何管理？

S——主讲人：今天我们有幸邀请来叶武滨老师，他是时间管理领域的全球No.1，是易效能®时间管理机构创始人；是喜马拉雅人气主播，音频节目播放量过亿；是畅销书《善用时间》《高能要事》的作者。来，我们用热烈的掌声有请，叶—武—滨—老师为我们精彩授课。

在宣布姓名之前，可以稍稍停顿一下，念出名字时分开来念，让学员听得更清楚，并且有力度。

结束也是 TIS。

第一点是 T（Thank）——感谢。

非常感谢叶武滨老师干货满满、能量满满的授课。

第二点是 I（Importance）——重要性。

如何过一天就是如何过一生，感觉我这前半生都白活了，后半生我要跟着叶老师学习、践行时间管理，好好活，成为人生赢家，赢得健康、赢得家人、赢得事业。

第三点是 S（Speaker）——主讲人（再次提醒课程的重要性及后续安排）。

让我们再次把最热烈、最热情的掌声送给叶武滨老师。提醒各位亲们，下午 2 点准时上课，该吃吃，该喝喝，该睡睡，保存、保持体力，咱下午继续愉快地学习。

平时还要注意积累，在看电视的时候或者在现场参加活动的时候，如果听到了精彩的开场串词不妨及时记下来，以后说不定什么时候就会用得上！

3. 顺流程就是站位、补位

主持人是整场活动的主人。何为主人？就是让客人来咱家做客时，让他们感到舒适和自在。观众是"客人"。观众最无助、最迷糊，对流程、对内容、对角色都不清楚。他们来参加活动，或者培训，都是因为我们或者别人告诉他们这里"好"，但如何"好"，他们其实并不是特别清晰！这个时候就需要主持人减少他们的陌生感，引领着他们轻松、愉快地参与进来。但是第一次做主持人时，我们都是从客人角色刚刚转换成主人，难免手忙脚乱，怎么办？

装备 1：手卡

背面是公司 Logo 那种。注意是手卡，不是 A4 纸。为啥，拿着一张 A4 纸站在台上，紧张手发抖时，整张纸都会跟着抖，会被观众看出紧张。所以，很多有经验的主持人会装备手卡，写上关键词、关键句。不要全写，一是你写不下；二是就算写下了，字太小你也看不清。

装备 2：万用主持表

包括序、节目、表演者、时间、时长、话筒、音乐、舞台区域、大屏、副屏、道具和备注，你拥有这张表，基本上就拥有了"全世界"。

主持表 日期：

易效能®PPT营销力Sophie老师

序	节目	表演者	时间	时长（分钟）	话筒	音乐	舞台区域	大屏幕	副屏幕	道具	备注
1	布场&彩排	工作人员	12:00—12:30	30							
2	签到	全体	12:30—13:00	30		暖场音乐		主视觉PPT演讲秀海报	倒计时	签到表笔	
3	开场&宣布活动流程	主持人	13:00—13:05	5	手持×2	主持人上场音乐	舞台中央	开场视频			直播开始
4	1分钟自我介绍	全体	13:05—13:45	30	手持×1		舞台中央	个人形象海报	倒计时		
5	教练干货分享1	教练	13:45—13:55	10	手持×1		靠左1/3	PPT课件1	倒计时		翻页笔
6	教练干货分享2	教练	13:55—14:05	10	手持×1		靠左1/3	PPT课件2	倒计时		
7	茶歇	全体	14:05—14:10	5		暖场音乐		主视觉PPT演讲秀海报	倒计时		合影
8	PPT演讲秀1+教练点评	参赛学员1+教练×2	14:10—14:40	30	手持×1		靠左1/3	PPT分享1	倒计时		
9	…	…	…	…	…	…	…	…	…	…	…

大家可以在 PPT 营销力公众号后台回复"主持表"领取模板和案例，案例是我们 PPT 演讲秀活动的主持表。

比如到了序 5，就是活动第 5 个环节——教练干货分享，主持人就可以把"TIS"关键字、词写到手卡上，时间是 13:45—13:55，时长 10 分钟，需要 1 个手持话筒，教练站在舞台靠左 1/3 处，主屏幕播放的是 PPT 演讲，副屏幕同步播放的是 10 分钟倒计时，备注提前准备好翻页笔等，这样主持人就能够顺利衔接所有环节，还能迅速补位、救场。

主持人是一个非常特别的角色，他的特别之处就在于，当活动、培训、年会做到最好的时候，大家是感觉不到你的存在的，如果大家有察觉到你，那么你这个主持人就是要么用力过猛、要么太抢戏，要么没有迅速补位、救场。在舞台上什么事情都有可能发生，主持人一定要"眼观六路、耳听八方"。（参考第六章的"卡壳儿了？设备坏了？超时了？咋办？现场突发状况化解大全"）

对于主持人，还有以下友情提醒。

☐ 如果有嘉宾上台发言、演讲，最后你千万别说"请嘉宾下台"，说"请嘉宾就座"就可以了。

☐ 男主持人千万不要踩到女主持人的长礼服。

☐ 上台说话之前不要拍话筒、吹话筒、不要对着话筒喊"喂喂喂"，直接拿起来说话就是了。

☐ 永远不要把屁股对着观众，就是戏剧表演里所说的，不能背台，比如退场，先退两步，再转身 45° 退，给观众侧面。

☐ 赞助商千万别忘了念……

留个作业：倒逼自己主动承担一次线下活动、培训、年会主持，哪怕线上班会主持也好，把你的主持表、复盘发送到《PPT 演讲力》读者群。从拿起话筒的那刻开始，你就不一样了！舞台是一片乐土，愿你享受聚光灯下的每一刻。

第三章

PPT

叶——讲出好故事的"HIT"大法

如何在 PPT 演讲中讲好一个故事？

你需要用好 HIT 大法——讲出幽默感（Humor）、画面感（Image）和转折（Turn）。

讲出幽默感——用两步自黑法让自己"人见人爱"

之所以要自黑，就是为了招人喜欢，不招人恨。把话说好，把事做成，就是要把敌人搞得少少的，把自己人搞得多多的。

我曾不止一次推荐学员阅读《富兰克林传》——100 美元纸币上的那个人头像就是富兰克林。名人传记很多，但是像富兰克林这种一没背景、二没天赋的普通印刷工人，可以说干到了美国"第一人"，能创造这种传奇的人真不多。我国有很多皇帝，但是我最崇拜的皇帝只有两个——刘邦和朱元璋，因为他们真的是白手起家。更让人惊叹的是，富兰克林干到美国"第一人"，竟然没有什么敌人。他避免怨恨的秘诀有三，第一个就是自黑的幽默，另外两个就是低调的举止和对话的谦和。

教你人见人爱的两步自黑法~

易效能®PPT营销力课程Sophie老师

为啥要自黑？就是为了招人喜欢，不招人恨。把话说好、把事做成，就是要把敌人搞得少少的，把自己人搞得多多的。

大家知道，富兰克林是避雷针的发明者，有一次他做实验，想用电流电死一只火鸡，没想到把自己给电晕了，提到此事，他自黑说："本想弄死一只火鸡，结果差点弄死一个傻瓜。"

第一步，找到自己的"黑点"

我有位学员，在公司特别受老板重用，但是她的平级和下属却总是背地里说她坏话，明面上不配合她。台上老板越是表扬她，台下大家越是不待见她。她本人呢，也是那种"禁欲系"，极其雷厉风行和不讲情面。她为此发愁，从而找到我，我就开玩笑问她："你有什么不开心的事么，说出来让我们开心开心，哈哈……"我这是在找她的"黑点"，在她跟我抱怨的一堆不开心的事儿中，我抓到了一个无关痛痒的"缺点"，就是她三十大几，竟然还没有男朋友。我说这个好哇，你姓容，下次你在单位上台发言自我介绍，就说"我姓容，同事们都叫我容嬷嬷"，你再做一张 PPT，把你的照片贴到容嬷嬷头上，效果更佳。接着讲："我来公司十几年，忙得都没时间找男朋友，完全是嫁给了公司，我对自己多狠，平日对大家也多狠，没办法，谁叫我是容嬷嬷呢。"

大家听完，你如此苛刻，也是为公不为私，老板再怎么表扬你，大家也不会羡慕嫉妒恨了。就像小 S 说的那样，一旦你开始自黑的时候，别人就无话可说了。

所以，我们要找到无关痛痒的"缺点"。注意啊，是找个自己不是那么介意的缺点或者大家公认的小缺点，不是让人真笑话的大缺点。这种无关痛痒的小缺点一般有三类。

1. 显著的外形特点

比如矮、胖、丑、穷就是自黑的通用标签。

就说胖，有一位学员参加 PPT 演讲秀，他身形比较胖，上台后掂了掭啤酒肚，对着大家说："大家好，我今天是重量级选手。"一开口，他就赢了，俘获了所有观众的心。

说到丑，《奇葩说》里的高晓松一黑到底，在节目中他说自己的颜值是负分，该被溺在便桶里，但自己很坚强，自己的爱人也很坚强，惹得全场爆笑。但是他越自黑，观众越喜欢，在这个看重颜值的时代，真的是奇葩。

再说穷，有的学员黑自己："我为啥这么有才？我这么有才还不是因为我穷，若不是生活所迫，谁愿意弄得自己一身才华。"哈哈，真有才！

2. 阻碍自己变更好的性格特征

如果你实在找不出什么缺点，可以想想你父母经常责备你什么，想想你的朋友们给你起过什么绰号，不妨从中找线索。比如罗永浩就黑自己是偏执型人格，再比如我们学员黑自己花钱大手大脚，说自己是行走的"碎钞机"。

3. 你曾经犯的错误或悲惨经历

心理学中有个概念叫作"犯错误效应"，也叫"瑕不掩瑜效应"，指的是对于有实力的人，犯下某个小小的错误反而会提高他们的魅力。比如马云自己爆料："高考三次，复读了两年，好不容易考上大学，毕业后找工作，被拒30多次……去肯德基面试，24个人留下23个人，我是唯一被拒绝的那个。"

再比如一位年轻的富二代当上了公司的总经理。在上任第一天的员工大会上，他就黑自己："我叫李强，是你们的总经理，我生来就是个领导，不是因为别的，因为我是公司前总经理的儿子。"参加会议的人都笑了，也没人再背后议论了。

第二步，在演讲中用好"黑点"

1. 如何用自黑关联演讲

我曾经在演讲"越努力，越幸运"时也玩了一把自黑："我是一个出生在普通三四线城市普通工薪家庭的普通女孩，如果非要说有什么不普通，我可能比普通女孩还要黑点。一白遮三丑，一黑毁所有，真的是毫无幸运可言。可是我今天却要讲三个幸运的故事……"（模仿乔布斯在斯坦福大学的演讲）

再比如我在课堂上炫耀学员的 PPT 做得好，都是因为 Sophie 老师教得好，讲完我会说自己"哎呀呀，又膨胀了，又膨胀了"。自己说自己膨胀，算自黑，这样一说，别人反而不会觉得你膨胀。

2. 如何用自黑反击他黑

面对被开玩笑，怎么轻松接梗，既能显得自己大方，又能缓解尴尬，还能让对方无力还击？就像姚明见到曾志伟时问："矮是什么感觉？"曾志伟说："所有人见到我都抬不起头。"

3. 如何用自黑表达实力

我曾经听过一个演讲，演讲者是一名法医，她说有一次在停尸房加班到半夜两点，但是一回家见到个小蟑螂就吓得哇哇大叫，表面上她是在自黑自己胆小，但实际上是表达自己敬业。

再比如你是学土木或者搞土木的，你就可以说："都说土木土木，又土又木！"先自黑一下，再炫耀一下，把自己参与过的高大上的桥梁隧道项目建设的故事和成绩都讲出来，这种反差，会让他的实力更加彰显。

以上这些自黑的段子在现场基本都会反应强烈！你看到的这些"特别好"的段子，通常都是这位演讲者多次实践提炼出来的，看似不经意，实则千锤百炼。

自黑 ≠ 自贬，自黑 = 自信

自黑听起来是自贬，其实是最高级的自信。自黑贬的是一个无关痛痒的缺点，人人都有缺点。完美的形象容易让人感到疏远，有点小缺点会让你更有人情味儿，更招人喜欢。

自黑 ≠ 谦虚，自黑 = 自夸

自黑听起来是谦虚，其实是最高级的自夸。谦虚容易走偏，变成虚伪或者傻。比如明明身材超级棒，却说自己都胖到 100 斤了，这是在拉仇恨；再比如你谦虚到周围的人都觉得你真的不行，那是真的傻。

正安中医馆的梁冬在自我介绍时曾黑自己不是好商人，其实是夸自己是最好的商人——"我可能不是一个'好商人'。从生意角度上说，如果你真要请最好的大夫、找最好的药、做最好的空间、请温暖喜悦的同事，肯定是不符合性价比的。有时，提高 5% 的好，要多付出 50% 的成本。利润从哪里来？怎么办？但只要想到来正安的都是亲朋好友，还有朋友带来的朋友，就实在不忍心把自己都看不上的东西推荐给他们……幸好，我好几个投资人都告诉我，医疗和教育应该是个长期的事业。"

留个作业：琢磨一个自黑的段子，把文字发到《PPT 演讲力》读者群。放低自己，让观众发出笑声，而不是感到不安！

讲出幽默感——把 PPT 变成捧哏

郭德纲的相声之所以那么逗，一个接一个抖包袱，于谦埋包袱的功力是一个重要原因。如果说你是"郭德纲"，那你的 PPT 就是"于谦"。三分逗，七分捧，如何用好 PPT 这个捧哏，让你成为逗哏？

1. 直接找到幽默的照片或图片

小米 MIX2 的发布会，将雷军戴墨镜的照片配上文字"社会我雷哥，人狠货不多"，把自己黑到了极致，现场效果也好到了极致。小米是粉丝文化，雷军就是小米手机的真正代言人，雷军作为一个营销高手，深谙其道。

再比如年终总结 PPT 最后一页打出——"2021 我们一起冲鸭！"

所以，没有哪个文件规定 PPT 最后一页必须是"谢谢"或"Thank you"，这是被模板思维束缚了。要我说，大多数 PPT 结尾要加"谢谢"的原因，就是告诉下面的观众"我讲完了，你们可以醒了……"

为什么我们要做一个幽默的 PPT 呢?

因为当你在台上做 PPT 演讲的时候，你要把台下的观众想象成一群"即将死去"的人们。不是他们真的要死，是他们的注意力要死，你必须用"包袱"激活他们。一般成年人的注意力只能保持 20 分钟左右，小孩子的专注时间就更短了。过一会儿他们的注意力马上又会"死"去，你必须再讲一个段子把他们救过来。

上哪里找幽默的图片呢? 我给大家推荐两个网站。

第一个是集图网。

集图网有很多二次加工的图片，自带幽默效果。

第二个是千库网。

千库网的特色就是免抠图，都是 PNG 格式的图片。

2. 谜面留给演讲者，谜底留给 PPT

斯黛茜（Stacey）在 TED 演讲"我得过的最好礼物"中，一开场，她说:"想象一份礼物，不是很大，只有高尔夫球大小……这件礼物意义非凡，它可以使你家人团聚，它会让你感受到从未有过的爱和感激……你会重新检视到底何为生命最珍贵的馈赠……当你得到这个礼物，你将会有 8 个星期的假期，什么事都不需要做……会收到好几卡车的花……这个礼物的价格是 55 000 美元，我 5 个月前得到了这份礼物……"

当我们好奇礼物这个到底是什么时，她打开了一张 PPT，展示了一张手术后的疤痕的照片，原来这份礼物是个脑瘤。

斯黛茜说了谜面，谜底留给了 PPT，告诉人们，当你面对意料之外、避之不及或前途未卜的事时，不妨就把它看成一件礼物。但如果把顺序调换，她一开始就表示自己患过脑瘤，再讲述脑瘤带给她的意义，效果就会大打折扣。

3. 情理之中留给演讲者，意料之外留给 PPT

我在课上，讲到过四种自杀式排版中的"豆腐块"排版，我举了一个例子：一张带框的乔布斯照片被挂在画面中间，再一张带框的乔布斯被挂在左边，右边也一样。我一边播 PPT，一边刻意说："乔布斯在'活'着的时候就经常被人家这样排版，或者这样。"这时候台下已经有人窃窃私语，最后一张 PPT 抖包袱，我放了乔布斯那张经典的伸手指指向观众的照片，配上文字："嗯，我是被'咒'死的……"大出意料，全体大笑。

我接着讲："虽然这是网上的一个段子，但是由此可以看出，小块图片搭配小块文字这种豆腐块似的排版很常见，给人感觉很小家子气。所以我们要什么？我们要高端大气上档次的全图型 PPT。大家想不想看看全图型的乔布斯？……要是乔布斯早被这样排版说不定会多活几年。"

笑声一浪接一浪。

注意事项

1. 及时隐藏

和捧哏一样，PPT 只有在观众情绪到位了之后再出现，才有效果。所以大家一定要把包袱保护好，隐藏起来。

比如罗永浩 2011 年在保利剧院的演讲"一个理想主义者的创业故事 II"，讲到为了打开招生局面，他推出了"一元钱试听 8 节课"的促销方案，并把花一元钱去听课的学生分为三类，一是潜在消费的学生，二是诚心蹭课的学生，三是"妖怪"（抱着听相声娱乐一下的心态）。明显第三类"妖怪"是个包袱，本来是安排动画最后出现，但是 PPT 提前把"妖怪"公布了出来，导致包袱提前泄露，影响了演讲效果。

2. 留足时间

无论你的包袱是什么，观众都需要时间消化。所以在谜底公布之后，千万不要急着继续讲，而要等待 3~5 秒让观众反应一下。人越多，等待时间就要越长。一方面，不同的人反应时间不同；另一方面，如果你能等到人群里笑点低的人先笑出声来，其他人也就更容易放松，从而跟着笑出声来，这样才能保证包袱有更好的效果。

当你一个人孤零零地站在台上时，所有人的目光都盯着你看，你会感受到莫大的压力，但是 PPT 的存在能分担你的一部分压力，让你感受到 PPT 就是你的战友，是你和你的 PPT 共同创造、成就了演讲的效果。

"捧哏" 注意事项一

易效能®PPT营销力课程Sophie老师

留足时间 2
谜底公布之后，千万不要着急继续讲，而要等待3~5秒让观众反应一下。

及时隐藏 1
和捧哏一样，PPT只有在观众情绪到位了之后再出现，才有效果。所以大家一定要把包袱保护好，隐藏起来。

留个作业：创作一张幽默的 PPT 以及文字稿，发送到《PPT 演讲力》读者群。

讲出幽默感——学会三个段子公式，成为段子高手

第一个段子公式：埋包袱 A+ 停顿 1+ 重读词 / 句 + 抖包袱 B+ 停顿 2

有位演讲者在大学同学聚会上说："有首歌唱的是《明天会更好》，是为了给人信心与鼓励，其实现实生活里明天会不会更好谁也不知道。但明天会更老是确定的。"同学们会心大笑。

首先是埋包袱 A，就是正常、正经地说事。

"有首歌唱的是《明天会更好》，是为了给人信心与鼓励。"

你看，多正常，没毛病，对吧。

接着是停顿 1。

这是第一次停顿，目的是为了引出重读词 / 句，让包袱抖得更响。

然后是重读词 / 句，为的是误导观众，强化埋包袱 A 对应的结果也应该是 A。

"其实现实生活里明天会不会更好谁也不知道。"

在这里，埋包袱 A 对应的结果 A 应该是"明天会更好还是不好的范畴"。

再接着是抖包袱，就是出人意料地反转到结果 B。

"但明天会更老是确定的。"

这完全超出了结果 A 的范畴。

最后是停顿 2。

这是第二次停顿，目的是为了留时间给观众反应，笑。

需要注意的是，埋包袱 A 不需要搞笑，你只需要一本正经地说一

个事实，越正经越好，后面抖包袱 B，反转越大越好。

重读词 / 句是误导强化。什么叫误导强化呢？就是在埋包袱和抖包袱之间，你可以加一个词或句子，这个词或句子的功能是让观众更死心塌地地相信埋包袱 A 的结果 A 的范畴，目的就是为了蒙蔽观众，让他们防不胜防。

两次停顿非常重要，它们会帮你把现场的气氛推向高潮。

我再来举个例子。

华中师范大学教授戴建业在讲家庭统一思想的问题时，他是这样说的。

> **埋包袱 A：**"刚结婚的时候，我太太说，以后大事你说了算，小事由我来管。"
>
> **停顿** 1。
>
> **重读词 / 句：**"我激动死了，心想怎么这么好命，娶了这样一位好老婆。"
>
> **抖包袱 B：**"结果我发现，我掉进了'粪坑'。有的时候，我觉得那是件大事，我要发表下意见，结果我的太太手一挥说，这点小事你这个大男人也要管？于是，我结婚三十多年，家里从来就没有发生过一件大事。"
>
> **停顿** 2：笑。

就因为这个段子，我关注了戴建业教授。

第一个段子公式可以缩写成 AA=AB，也就是埋包袱 A，抖包袱 B。

比如有家航空公司，服务不是最好的，空姐也不是最漂亮的，却很受欢迎，为什么？因为他们的空姐是段子手。

例子一。

埋包袱 A：今天的午餐有两种，鸡肉饭或意大利面，如果轮到你只剩一种了……

抖包袱 B：那也不用担心，其实它们的味道差不多。

例子二。

埋包袱 A：请记得一定先给自己戴好氧气面罩，再去帮助旁边需要帮助的人。

抖包袱 B：但如果旁边坐的是你的前任，那就算了。

一般空姐说的话，乘客几乎会当是空气，但是这些空姐的话确是闪闪发光。

第二个段子公式：改编俗语——AB=AC

先举几个例子。

天空飘来五个字：怎么都不行。

上帝为你关上一扇门，还会为你放出一条狗。

我曾经做过一个职场分享，名为"职场会'背锅'的人才有前途"，就把俗语"人在家中坐，祸从天上来"改编成"人在家中坐，锅从天上来"，观众爆笑。当时我是这样讲的。

我们复习一遍 PPT 演讲大树模型。

树枝逻辑讲三点。

（1）为领导"背锅"，表忠心。

（2）为同事"背锅"，办好事。

（3）为自己"背锅"，赚能力。

第一根树枝上的树叶即故事1，讲的就是我当年刚步入职场，和领导一起去海外拜访客户，PPT 里有个数据被客户看出来有错误，领导想都没想就说是我写错了，当时我是一百个不服气，一肚子委屈，PPT 里的数据都是领导给的，这一口黑锅怎么就这样甩到我身上了？

后来我才知道，这才是真正的职业化，公司所有的决策都是从整体利益最大化的角度出发，一定是事在人先，利在情先。我的领导是公司的最后一道屏障，如果他自己在客户面前承认错误，这个最高决策者做的方案都被客户否了，那这单生意就黄了，我也拿不到奖金。如果推到我这，反而还有回转的余地："Sophie 刚进公司，不太清楚，我安排其他人重新出一个 PPT 方案，我自己亲自督办。"这无关个人恩怨，不过是"止损"策略。

第二根树枝上的树叶即故事2，讲的是到后来为同事背了不少锅，同事称我为女侠，真的也是背锅女侠啊。

有一次老板去演讲，PPT 里没有放公司 Logo，而这套 PPT 是公司原创，会在网上大量进行二次传播，没有 Logo 对品牌传播有损失。其实，最后加 Logo 是另一个同事的工作，老板演讲完立马找我说："你为什么忘了加 Logo？"我说："是我忘了，下次注意。"然后我赶紧把 Logo 加上，给出一版有 Logo 的 PPT 用于传播，减少了损失。下次我会列出一个 PPT 演讲前的核查清单，挨个打钩检查。事后这位同事很感激我，我找她协调工作，她从来都很配合，而且她再也没忘过加 Logo 了。

树干主题就是"职场会'背锅'的人才有前途"。"背锅"其实就是主动揽责，第一时间想的是减少损失，而不是推脱责任。大家都甩锅的结果就是大家都没有机会觉察、反省错误，而是没完没了地争执——"不是我的错，都是你的错"，但是错误还是在那里，笑话你们。

树根能量就是你要有这样的三观和格局："背锅"并不完全是自我牺牲，而是借此塑造自己的"个人品牌"，也不是什么高风亮节，而是效益真正最大化的"战略性背锅"。身处职场，能让自己成为一个关键时刻靠得住的员工，这本身就是一种成功。

最后，果子——影响力就是呼吁大家行动，要敢于"背锅"，去承担，去化解，去扭转。

第三个段子公式：A+ 屎尿屁或猪狗驴

段子公式3

A+屎尿屁或猪狗驴

| 如果吼能解决问题，驴早就统治世界了！

易效能®PPT营销力课程Sophie老师

雷军在演讲时说："站在风口上，猪都能飞起来！现在风停了，空中的猪怎么办？"

"站在风口上，猪都能飞起来"和"只要抓住机会，即使你能力不高，也有可能成功"是一个意思，但是后面这种讲法就没意思了，不如"猪"有意思。

再比如我的同事陶娅老师在亲子时间管理课上讲："如果吼能解决问题，驴早就统治世界了！"说的就是"驴"。

当然，"屎尿屁、猪狗驴"要慎用，要看场合，用得不得当，可能会冒犯别人。

留个作业：用学到的三个公式，分别模仿或创作一个段子。发送到《PPT演讲力》读者群。告诉大家一个真理，观众笑过后才会开始凝神静听，所以段子可以让观众爆笑后迅速集中注意力听你接下来的演讲。

讲出画面感——用"类比技术"让观众从不懂变秒懂

在本节我教大家类比技术"2211"——2 个词语 +2 个作用 +1 个思考 +1 个水平，即如何把一些难懂的东西，比如新颖的模式、专业的术语或复杂的流程介绍给观众。如果说你之前被人怼过，说不清楚，那么，这招会让你绝杀。

2 个词语："就像""相当于"

什么是区块链？区块链最近频频被点名，到底是为什么？我感觉绝大部分人都说不清。他们会说，区块链是分布式数据存储、点对点传输、共识机制、加密算法等计算机技术的新型应用模式。天呐，说了也是白说，因为观众根本听不懂。

用魔术词"就像"来表示，区块链"就像"你们家的账本，没有区块链，就是你一个人记账，哪天你想买包了，你可能会少记几千元钱，偷着买，你的老公不知道。有了区块链，就是你和你的老公一起记账，全家总动员，你再想作弊就不可能了。也就是说，区块链就是一个多人记账的账本，每一个人都在记账，所以任何人都无法篡改，被黑客攻击也不怕，即使丢失一个账本也没关系，还有其他无数个账本。

"就像""相当于"也可以省略。

比如什么是金融？做金融就是做中介，跟房地产中介没有什么两样，就是想办法去认识一批有钱人，让有钱人相信你，愿意把钱给你，然后你去做投资，一块肥肉，从你手上过一下，你手上是不是沾满了油？这就是金融赚钱的原理。精辟啊。

所以当我们在 PPT 演讲中需要解释一个新概念，或者解决一个新问题时，不需要从 0 到 1，重新造轮子，而是应先想想哪些已知事物与这个未知事物的本质是一致的。把一个不熟悉的东西，用一个熟悉的东西类比，很容易产生"画面感"。

2 个作用之一：解释

上面讲的什么是区块链、什么是金融都是类比解释。再举两个例子。

举例一。

关于英国脱欧，我看到过一个很有意思的解释。

英德法意建了一个微信群，他们在群里发红包、抢红包，一开始大家都玩得很嗨，但是随着入群的国家越来越多——包括有一些经济不是那么富裕的国家，导致抢红包的人多而发红包的人少，这些大佬就不乐意了，英国大佬决定不玩了，所以他率先在自己国内举行了公投，退出了微信群。

这里就是用类比把一个不好懂的概念、现象解释得令人秒懂。类比就是把未知变成已知的过程。

举例二。

经济学家周金涛曾经说过一句很有名的话："人生发财靠康波（经济周期）。"不懂对吧，作家阿秀用类比的方式解释了这个深刻的理论："三个大佬坐电梯去顶楼参加活动，一个在电梯里原地跑，一个在电梯里做仰卧起坐，一个拿头撞墙。等他们到了顶楼之后，主持人问他们是怎么上来了，一个说跑步上来的，一个说做仰卧起坐上来的，还有一个说拿头撞墙撞上来的。旁边就有人说，'少吹牛，你们都是坐电梯上来的'。电梯就是这个经济形势，这三个大佬赚到钱是因为经济形势好，虽然有个人努力在里面，但远没有他们想的那么重要。"

2 个作用之二：说服

三国里有一段故事，讲抓住吕布之后，曹操舍不得杀吕布，问刘备的意见，刘备很讨厌吕布，因为吕布抢了刘备唯一的地盘，刘备很聪明，没说杀，也没说不杀，只说了句："您看见吕布是如何侍奉丁建阳和董太师的吗？"因为吕布当年投靠丁建阳后把丁建阳杀了，投靠董卓后把董卓也杀了，所以曹操想："如果让吕布投靠我曹操，我岂不是自己找死？"所以曹操立刻就把吕布杀了。

所以，类比的好处就是你不需要直接说出自己的观点、看法和道理，而是通过类似的事物让对方自己明白其中的道理。让对方自己明白其中的道理要比直接讲道理的效果好很多，因为人们总是喜欢认可自己思考明白的道理，而不太容易接受别人灌输给他的道理。

再比如一个小和尚曾问师父："一个你已经放弃的人，突然又来找你，还要在一起吗？"师父回答道："就像下雨走了好长一段路，卡住的伞才终于打开，但那又如何？衣服早就湿透了。这世界最多余的东西就是心冷后的殷勤，在你最需要的时候，他不出现，那以后，他也不必在了。一个人，熬过了所有的苦，也就没有那么想和谁在一起了……"这段话背后就是被广为认可的价值观，讲解的方法就是连续用多个类比。

1个思考：类比不是表达力，而是洞察力

很多时候，我们没有运用类比技术，往往是因为没有思考到问题的本质，当你没看透这个问题的时候，你会觉得它很大、很难讲。但是当你经过深度思考，看透这个问题的时候，它的整体形状、来龙去脉你都一清二楚，你就可以用一个精妙的比喻来解决，四两拨千斤。

这方面我最佩服小米公司的联合创始人刘德。他说小米是"遥控器电商"。小米有很多智能家居设备，电视机、路由器、电饭煲、扫地机器人、空气净化器等，它们都可以用一个统一的 App 来控制。这个 App 就相当于所有小米家居产品的遥控器，于是这个遥控器就变成了一个非常重要的入口。

重要的不是小米的做法，而是他们用的这个词——"遥控器电商"。别人花半天时间才能讲清楚的概念，小米用五个字就讲清楚了，还特别透彻和形象。

再比如，很多人说小米连毛巾都卖，不专注。刘德说："这叫烤红薯生意，饭做熟了后，趁柴火还有余温，把红薯扔进去，余温就可以把红薯烤熟。小米每天的流量那么大，靠余温就可以卖很多周边的产品。"

这就是高手。正如爱因斯坦所说："如果你不能以简单的方式诠释一样事物，那说明你并没有真正地理解它。"

1个水平：把观众当成小孩子，给他们讲清楚

你如何跟小孩子讲，银河系中星星的密度有多大呢？

科学专业的描述是：银河系直径大约为 16 万光年，其中包括 1000~4000 亿颗恒星和大量的星团、星云以及各种类型的星际气体和星

际尘埃……

但是这样的解释，别说小孩，大人也是完全没有概念的，我们仍然不理解银河系中星星的密度到底有多大。

我们再来看使用了类比的描述。

你们知道银河系中星星的密度大概是多少吗？

它相当于在整个欧洲放入两只苍蝇的密度。

是不是非常清晰明了？在演讲中使用类比，就是为了降低受众的认知难度。

Momo 教练送给我儿子一本百科全书——《万物解释者》，看完我惊呆了，作者超厉害，全书只用"小学生都能看懂"的 1000 个日常生活中的单词就解释了国际空间站、智能手机、美国宪法等 54 个复杂事物，比如细胞被形容成"组成你身体的小水袋"，洗衣机被形容成"让衣服变干净、更好闻的盒子"。如此类比，连我 6 岁的儿子都能无压力地看懂，我不得不感叹这个世界也没有我们想象的那么复杂。

留个作业：大家思考一个类比，发到《PPT 演讲力》读者群。经常训练类比技术，能够让我们自己都很佩服自己，怎么能说出这么有深度的话。就是这么神奇，凡是不解，皆可类比。

讲出画面感——用"数字化＋可视化"组合拳释放数据的力量

演讲首先要数字化，让人不服都不行

在演讲中，请把"好""多"等形容词改成数字。

　　比如滴滴打车的广告就是："4 个小伙伴，3 个用滴滴。滴滴用户份额达 75%，稳居第一。"再比如"3 亿人都用的拼多多"，以及《小王子》的封面文案——"全球销量超过 2 亿册"等，其实潜台词都是："你看我的产品销量如此好，数据如此精准，选我吧，没错！"

　　我在指导学员用 PPT 设计一页纸的简历时，叮嘱最多的就是数字化，你说你有领导力，不如说"管理了 35 个技术人员，开发了 6 款小程序"；你说你有营销能力，不如说"2 年内，市场占有率从 28% 提高至 36%"……用数字来支持你的观点，将更有说服力。

　　再比如，我们有位学员是位城管队员，她就用数字化介绍她的职业——全年采集、受理各类投诉、城管案件 3.2 万宗；一年 260 个工作日，每天工作 8 小时，相当于每天受理 123 宗案件，每 4 分钟就收到 1 个信访投诉案件，一直在听电话……看到这些数据，我们就会理解城管队员的不容易。

其次，数字要可视化，让人感同身受

套用以下 2 个句式 +1 个公式，你就能打出漂亮的"数字化 + 可视化"组合拳。

句式 1：数字化 + 相当于 / 就像

还记得前面讲到的类比吗？我们把"相当于""就像"用在文字中，可以获得画面感，用在数字中，也是一样。比如我们想表达马云很有钱以及到底马云多有钱。好，我们按照"数字化+可视化"的组合拳打法。

首先是数字化，即马云的个人资产在 1800 亿元左右。

其次是可视化，有些人对这个数字不敏感，我们要将其可视化，加上"相当于"。

假如你每天都能中 500 万元的彩票，相当于你要连续中奖 98 年，才能有这么多钱！

这下人人都能理解马云多有钱了。

再比如，苹果 iPod 发布会的 PPT 最初的描述为："重量 0.19 千克、存储空间 5G。"这种说法弱爆了。乔布斯把它改成："iPod，相当于把 1000 首歌装到口袋里。"这句广告也成了经典。0.19 千克换成能放进口袋，观众知道了它体积小、重量轻；存储空间 5G 换算成相对数值 1000 首歌，观众就知道它容量大。这些都强化了卖点在用户脑海中的画面。

还有，比如你在朋友圈卖减肥茶，卖点是轻松减肥。首先你要将其数字化，比如"每天一杯茶，瘦掉 0.1 千克"；其次，可视化，"相当于每天多运动 2 小时"。

卖面膜也一样，比如卖点是锁水保湿。按组合拳步骤来，先数字化，"让你的皮肤湿度值始终保持在 40%"，再可视化，"让你一整天都像刚洗完脸一样"。

句式 2：数字化 + 能 / 可以 / 足够

数字化是为了告诉观众卖点，能 / 可以 / 足够，是为了用画面感再次塑造卖点的价值。

奥美创始人、"广告教父"大卫·奥格威，就是使用这个句式的高手。特别是他为劳斯莱斯创作的系列文案，比如"劳斯莱斯豪华真皮坐垫，材质是由 8 张英国牛皮所制，足够制作 1280 双软皮鞋"。

厉害了，一般人也就说到卖点"真皮材质"就完了，他按照组合拳的打法，先是数字化，"材质是由 8 张英国牛皮所制"；再可视化，加上"足够"，"足够制作 1280 双软皮鞋"——奢华啊。

说到这里，你可能就会想到一句很有名的广告语："香飘飘每年卖

出 7 亿多杯，连起来可绕地球一圈"。这也是按照组合拳的打法，先是数字化，"香飘飘每年卖出 7 亿多杯"；再可视化，加上"可以"，"连起来可绕地球一圈"。就是这么一个句式，便撑起了一个品牌的核心广告文案。

我们有个学员就学会了这个方法："我经常出差，根据百度地图和购票 App 统计，仅飞机加火车，每年就有 96 000 多千米。绕地球一周约 40 000 千米，我一年出差可环绕地球两圈多。"苦劳都是数字凑的。

句式 1 和句式 2 可以归纳成 1 个公式：A=B×C（A= 老数字，B= 新数字，C= 换维度）

比如某某英语学习 App，拥有海量语音数据库。首先数字化，把"海量"改成"积累了超过 15.2 亿分钟、163 亿个句子的语音数据"。然后视觉化，强化这两个数字，15.2 亿分钟和 163 亿个句子。

这里套用公式 A=B×C（A= 老数字，B= 新数字，C= 换维度）

A 老数字：15.2 亿分钟录音。

C 换维度：把录音时长换成说话年限。

B 新数字：不间断说话 2892 年。

A 老数字：163 亿个句子。

C 换维度：把句子换成《哈姆雷特》书。

B 新数字：133 万本《哈姆雷特》。

15.2 亿分钟的录音时长 ≈ 不间断说话 2892 年。

163 亿个录音语句 ≈ 写 133 万本《哈姆雷特》。

看到这里，你就会惊掉下巴——这么多！

让我们再脑洞大开下——上海带头推广实施垃圾分类，很多人嫌麻烦，你不如告诉他，地球到底有多少垃圾。

A 老数字：30 万亿吨。

C 换维度：把吨换成日本国家面积。

B 新数字：39 个。

就是说地球上的垃圾场有 39 个日本那么大，太吓人了。雪崩的时候，没有一片雪花是无辜的，杀死人类的最终也许就是某天你随意丢掉的一个塑料袋。分类垃圾，赶紧行动起来。

还有，中国人种树到底有多牛？截至目前，我国已经有人造林约 80 万平方千米，韩国国土面积约 10 万平方千米，也就是说，我国种出的人造林面积相当于 8 个韩国！

留个作业：用"数字化＋可视化"组合拳来描述你们公司产品／服务卖点，发送到《PPT 演讲力》读者群。

讲出画面感——用四个"道具创意"增加演讲战斗力

演讲过程中除了使用 PPT，还有一个重要的视觉武器，就是道具，这是我个人非常推崇但发现很少人用或者很少被用的方法。

创意 1：道具式开场

道具式开场就是在开讲之前先展示某件道具，给观众新奇的感觉，从而一下子抓住观众的注意力，趁机亮出观点。

1938 年，陶行知先生曾在武汉大学演讲，用的就是教科书级别的道具式开场。他走上讲台，并没有着急长篇大论，而是先从箱子里拿出一只大公鸡，又从容不迫地掏出一把米放在桌上，强迫公鸡吃米，公鸡却只是咯咯叫；他又掰开鸡的嘴，把米硬往鸡嘴里塞，大公鸡拼命挣扎，甚至把米吐了出来；然后他松开手，把鸡放在桌子上，公鸡却自己开始吃米了。

观众的胃口全被这幕鸡吃米的场景给吊了起来，不知他葫芦里卖的什么药。这时，陶行知先生开始了自己的演讲，即趁机亮出了观点："我认为，教育就跟喂鸡一样。先生强迫学生去学习，把知识硬灌给他，他是不情愿学的。即使学了，也是食而不化，过不了多久，他还是会把知识还给先生。但是如果让他自由地学习，充分发挥他的主观能动性，那效果就会好得多！"

虽然没有视频还原现场，单看文字我们完全可以感受到"大公鸡"道具式开场所展现出来的惊艳与惊讶。这种不按套路出牌的开场，正是一个演讲的开场白应有的路径和努力的方向——抓住观众。

演员刘劲曾在电影中扮演周恩来总理，被 CCTV《开讲啦》邀请做一场演讲。

刘劲为了说好他的观点，也就是主题"用一辈子做好一件事"，他一开场就放了一段"小熊排队"的视频，就是一只小熊，2 条队，它看到哪边人少就跑哪边，两边来回跑，本想着能快点，到最后却都没有排上。

这段视频就是一个道具，播完后，刘劲说："我们很多人还扮演着其中那个小熊的角色。我们站在路的这一头，看见一个路口，就想那个路的尽头肯定有非常美丽的风景。于是我就走下去了，走着走着，这边又出现一个岔路口。于是乎，我们又往那儿走，就这样反反复复地犹豫彷徨。有很多人问我，刘劲，你怎么做到的？作为一个专业的演员，那么好的年华，周而复始，反反复复地做一件事，只演一个人物？我会告诉他，我会用一辈子做好一件事！"

接下来整个演讲都在围绕"一辈子做好一件事"这句话展开，从他坚持做演员的梦想，考试落榜了再考，再落榜再考的奋斗史，再到一辈子演周总理达 60 多次，立志用一生的努力、一生的爱和一生的情，把周恩来总理的形象塑造好。

创意 2：道具式展示

道具式展示分为两种：一种是展示产品，另一种是展示故事里的物件。

展示产品

如果是产品发布会就把产品拿上台。比如卖净水器的，就可以把净水器带上舞台，把过滤后的污水现场喝掉。再比如我们有个学员是卖"可以吃的口红"，我就建议她在演讲时带几支口红抹抹、舔舔、尝尝。"口红一哥"李佳琦不就是干这个，然后日赚斗金的吗？抖音带货为什么那么火，就是因为抖音成了演示道具，打破了演讲场地的限制，可以这样说，抖音就是演讲与互联网融合的结果。

　　应用这个方法，最经典的莫过于苹果公司发布 Macbook Air 的时候，乔布斯并没有直接说它有多薄，而是直接拿出一个信封，当大家聚精会神地看着乔布斯要做什么的时候，乔布斯这才从信封里拿出 MacBook Air，现场尖叫声、掌声不断。无需多言，借用信封和 Macbook Air 这两个道具，观众就知道这款电脑有多薄了。

　　仔细回顾，乔布斯在介绍苹果新产品或功能时，他经常都是坐在电脑前或拿起 iPhone 来展示它是如何工作的，这些道具、动作很简单，但非常引人注目。

展示故事里的物件

如果是讲一个故事，可以把故事里的一件东西带上台。

比尔·盖茨在 TED 大会上做关于非洲传染病的演讲时，他就拿了一个玻璃罐上台，里面都是蚊子，然后淡定地说："疟疾是通过蚊子传播的，我带了一些过来，让它们在这里也飞一下。没有理由只让穷人被传染。"听后，观众就不淡定了，害怕被感染，非常恐惧。等了一分钟后，盖茨才告诉观众，他放出来的蚊子是不带疟疾病毒的。

盖茨此举马上就成为各大媒体的新闻头条。由此人们对非洲、对蚊子造成的疟疾有了更多的认识和讨论，盖茨借用道具实现了他的演讲目的，就像他自己说的，"希望有钱人能够慷慨大方地捐款"，他和他夫人的基金会就捐了 1.5 亿美元帮助研发抗疟疾病毒的疫苗。

还有一次，比尔·盖茨受邀参加新世代厕所博览会，在会上，他又用了这个方法。在演讲中，他拿出一个玻璃烧杯，并举起来让观众看，然后问："大家猜猜这里边装的是什么？"台下有人说"是杀菌剂"。比尔·盖茨呵呵一笑，又淡定地说："猜错了。它是人的粪便。"观众又不淡定了，非常惊愕，堂堂世界首富竟然拿着粪便做演讲。

我很淡定，因为我知道这个粪便和当年的蚊子是一个套路。接着，比尔·盖茨说道："大家可曾知道，这么点儿粪便就能携带 200 万亿个轮状病毒、200 亿个贺氏菌和十万个寄生虫卵……正是这样的病原体引发了腹泻、霍乱、伤寒等疾病，每年导致近 50 万名 5 岁以下的儿童死亡。因此，进行厕所革命已刻不容缓。"掌声热烈响起。

道具无疑是非常吸引人们眼球的，观众会本能地对你产生期待，想

知道你要用道具做什么，如果你会使用道具，无疑会形成一个让人难忘的记忆点，甚至是一个高潮。

创意 3：道具式类比

道具式类比就是借用道具，类比讲道理、讲理论。

比如我曾经做过一次时间管理主题的演讲，就借用了一张 A4 纸，上面打印了 900 个（30×30）格子，发给观众。"你知道吗？按人的平均年龄 75 岁算，人生只有 900 个月！画一个 30×30 的表格（每个小格代表一个月），这就是你全部的人生。如果你今年 20 岁，那么已经走完了 8 行格子的人生。如果你是 30 岁，你的人生是 12 行格子；假如你刚有了孩子，在孩子上幼儿园之前，你能和他朝夕相处的日子只不过占了一行多的格子；而如果你每年和父母只见一面的话，你陪他们的时间可能只有一个格子……"

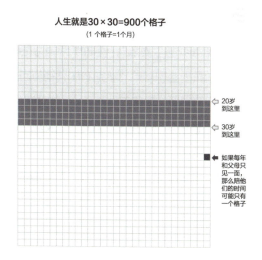

"请涂满你现在年龄所占用的格子，每过一个月再涂一格。"观众一边涂，一边感叹、深思"人生怎么这么短"，这样他们才会珍惜剩下的日子。借用 A4 纸，用类比的方式讲时间宝贵的道理，比讲"一寸光阴一寸金"有用。

《奇葩说》选手黄执中在 TEDx 的演讲"像辩手一样生活"中解释什么是观点的时候，就借助了一个矿泉水瓶做道具类比。观点就是你看一件事情的角度，你从哪个点去观察它。这是一个很抽象的概念，所以他借助矿泉水瓶这样一个很具体的道具，通过不同角度摆放矿泉水瓶，上摆、下摆、左摆、右摆，看到的矿泉水瓶都不一样，让观众理解，什么是观点，并由此说明辩论的关键不在于知识点，而在于观点。

道具可以体现演讲者所要表达的内容的画面感，增加说服力，让观众理解并接受演讲者的观点。

创意 4：人也是道具

演讲的时候，我们也可以邀请一些跟演讲内容相关的人到场分享，增加演讲的说服力。比如我想"卖瓜"，说 PPT 营销力是职场神技，自卖自夸，就不如邀请学员上台聊聊她"学完 PPT 营销力回公司分享，老板称赞，立即拍桌子报销学费，后续工作开了挂，连升三级"的故事。

或者，我们也可以邀请现场主持人、嘉宾，以及观众起立或上台跟我们一起配合完成一些事情。比如有位学员是服装搭配师，在 PPT 演讲秀里我就建议她邀请三位现场伙伴（"道具"），真人解析、点评他们的穿着，迅速就和观众打成一片了。

左一：学员服装设计师；右一：我；中间：被"吊打"穿着的观众

在戏剧中，演员会利用简单的道具营造出真实感，演讲也是如此，使用道具就是为了营造和烘托演讲的氛围，让观众能够真正地融入演讲中。

使用道具有如下几个注意事项。

（1）放在观众看得见的地方。

如果观众多、场地大，你在前面演示道具，后面的观众可能就看不到了（其实他们也看不到你本人），这时就要用摄像机现场转播，将你本人和道具投放到 LED 屏幕上。

（2）不能让观众提前看到道具。

在演讲时，演讲者应在快要讲到这个道具时才把道具拿出来，提前看到道具会分散观众的注意力，讲完之后，要把道具放回原处。

（3）对着观众而非演讲道具讲。

如果你一直盯着演讲道具，就会失去和观众的视线链接，你的"眼到"就没了。

留个作业：你能否把借用道具的创意加到你最近的一个演讲里，把文字和语音发送到《PPT 演讲力》读者群。

讲出画面感——手放哪里？眼瞅哪里？……你的身体比嘴会说话

在你讲话之前，交流就开始了，观众对你的第一印象就是你的着装、身体语言，你的身体在说话。

着装就是你的战袍

头戴凤翅紫金冠，身穿锁子黄金甲，脚踏藕丝步云履，手擎如意金箍棒，这是齐天大圣的战袍！你上台的一瞬间，你的着装就代表了你的实力、品位、价值观、影响力。

我总在告诫自己不能以貌取人，但是以貌取人又是一种自然倾向，很难避免。如果你着装随意，很抱歉，观众也会把这种随意、不专业的评价转移到你的 PPT 演讲上。再想翻身，很难。而且，着装得体，也会让你下意识地表现更为出色。

给自己挑选什么样的着装呢？最简单的方法就是，你要穿得比观众稍微高一个层次，观众穿短裤、凉拖，你就可以穿牛仔裤、恤衫；观众穿牛仔裤、恤衫，你就要穿西服套装了；观众穿西服套装，恐怕你就要穿燕尾服了……这样显得对观众比较尊重。

我在深圳、广州点评学员的 PPT 演讲秀时发现，因为天热，有男学员就穿短袖衬衫和短裤上台演讲，这是不可以的。短裤就不说了，肯定不行。男生唯一能穿上台的短袖上衣，就是 Polo 衫。

　　Polo 衫是法国人雷恩·拉科斯特（Rene Lacoste）给自己设计打网球穿的衬衫，因为当时还都是穿长袖衬衫、系领带打网球，他感觉很不舒服，所以就找裁缝把衬衫改成短袖，改用透气舒适的针织棉，一下子就火了，这就是法国"鳄鱼"品牌的由来。

　　"鳄鱼"的名字是源十他的绰号"鳄鱼先生"。所以 Polo 衫是一种衬衫的改良，从贵族运动网球、马球、高尔夫球演化过来的，你可以把它当作衬衫，在一些较为正式的场合来穿。相反，短袖衬衫不是衬衫，是为了迎合男装市场的需求而特意设计的款式，但是不正式，演讲时还是要穿长袖。怕热？可以把袖子卷起来。

　　另外有学员会问，为什么乔布斯可以穿恤衫、牛仔裤、跑鞋开发布会？很简单，因为他是乔布斯，穿着已经影响不大。但是对大多数演讲者来说，最好穿得比观众更正式点。

身体语言

　　我做过一个实验，就是看马云的演讲视频，然后关掉声音，发现马云还是很吸引我。他演讲时，从来不会乖乖待在一处，总是在不断走动，并且肢体语言丰富，因为身体是他强调观点的工具。

　　身体语言的标准就是五到：脸到、眼到、手到、身到、声到。

脸到

　　你一定听说过"相由心生"这个词吧。心情好时，人们自然会面带笑容。这句话反过来也成立，"心由相生"，哪怕你保持刻意微笑，也可以让我们的心情变好一些。我们一定要微笑进场，当你把微笑传递给别人的时候，别人也会传递给你同样的微笑。不要一上台就跟刚出土的兵马俑一样严肃、吓人。

眼到

我总结过 PPT "七宗罪"，其中一个就是"照屏宣科"，演讲者全程都在盯着他的 PPT 投影或者电脑，与观众没有任何眼神交流，于是，下面的观众也不看你，刷微信的刷微信，说闲话的说闲话……

演讲者一定要和观众进行眼神交流。比如我一上台，就先看我认识的人或者热情友善的人，他们也爱看我，给我微笑，给我鼓励，这样我就不会太紧张。千万不要一开始就去看那些表情严肃或不友善的人，这样你会心想："他们为什么不看我？他们不喜欢我吗？他们是不是对我有什么看法？"那你就惨了，全程放不开。

当然你也不要老盯着一位观众，大约 10 秒 / 次 / 人就够了，要"雨露均沾"，尝试去看每一位观众的脸。观众多的时候，除了看一个，也要看一片，看前方，左前、右前都可以，一个方向，盯住（但不能往上、往下看），这样那一片附近的观众都感觉你在看他，有种被重视的感觉，然后也是盯住 10 秒，再换到另一片。

眼到最重要的是敢看，表面是训练眼神交流，实际是训练我们的心理素质。电影里经常会放，一个男人和一个女人互相盯着看 10 秒，然后他们情不自禁地就会互相拥抱，如果你也盯着你的观众看 10 秒，相信我，观众也会爱上你的。

还有一种情况，就是很多学员在做 PPT 演讲秀的时候，时不时就转身回头去看 PPT，其实这也是一种轻度或中度的 "照屏宣科"，等同于告诉观众你根本就不理解或不熟悉自己要讲的内容，从而导致观众对你的演讲失去信心和兴趣，这种行为要尽量减少。

眼到还有一个好处，就是可以获得观众的即时反馈，给你一些机会去应变。比如看到某人皱眉，你就要意识到，可能观众没有听懂，你再总结下；看到观众都低下了头，可能观众对这部分内容不感兴趣，你就要讲个段子、故事等。这样经过经验的积累，你的演讲就会越来越完美了。

手到

手势是肢体语言的 "重灾区"。我总结过，有两种手势会影响演讲效果。

一种是 "保护内脏" 型。

不管两手垂直放两侧，两手插兜，两手背后，还是两手交叉，全部都是两手夹紧两肋，因为两肋夹住的都是你身体 "最值钱" 的部分——你的内脏，这是一种条件反射，当你紧张的时候，你就会下意识地夹紧两肋，保护内脏，这样你就把观众拒绝在外了。

另一种就是 "用力过猛" 型。

一看就知道是学过某些演讲课程，手势泛滥，什么手掌向上、向下，什么西瓜左切、右切，什么大拇哥啥意思、二拇弟啥意思……讲得是哪哪哪哪都对，上台看哪哪哪哪都不得劲。

我是很不喜欢这类演讲培训的，因为这就像把学员当成流水线上的产品，同样的丁字步、同样的切西瓜、同样的抬头 45 度……但是，学员并不是流水线上的产品，他们都是自己的艺术品啊。

所以在我看来，并没有统一的身体语言模式，情不自禁才是身体语言的动人之处。只要大家做到一点，把你的手伸出去，不要夹紧两肋、保护内脏就可以了。至于放哪，跟着演讲内容、感情走，你觉得舒服、舒展就好；否则都是东施效颦，很假，很做作。

身到

身到也有两种误区。

一种是"立正型"，即不管讲多长时间，都是往那一站，一动不动，观众看着没劲。另一种是"秧歌型"，即边走边晃，观众看着头晕。

那我们在讲台上该如何走位呢？

走位分两种：横向走位、纵向走位。横向走位可以根据演讲内容的阐述，时间轴（过去、现在、未来）的变化，故事情节的发展，或者不同角色的切换而走动。注意站在讲台两边，不要站在中间挡住屏幕。比如将演讲内容分为三点，那么在讲第一点时你可以站在左侧，讲第二点时你可以走到右侧，讲第三点时你再回到左侧。

纵向走位就是前进、后退。前进多用于观众互动、观众激励。比如观众互动，说到"下面我要问一个问题……知道答案的请举手抢答"时，你就向前跨一步，鼓励观众回答。再比如观众激励，"亲们，让我们一起……"你向前一步，双手握拳高高举起，感召大家行动。后退尽量不要背对观众，要倾斜 45 度角走，保证有一半身体是面向观众的。

不管是哪种走位，在讲台上，离观众越近，你的气场和影响力就越强，越远越弱，所以要尽量站在靠近观众的地方。比如有一次 PPT 营销力开课，酒店场地的讲台很大、很高，离观众很远，我就放弃了，走下讲台，走到观众身边演讲，气氛爆棚。

声到

"声"和"音"是不同的，声是声响，音是节奏，"声"和"音"结合才是"声音"。演讲有"声"，就是声响大，声音大；演讲有"音"，就是有节奏、有变化、有停顿。

要想声音大，没有别的办法，就是锻炼身体，因为你的身体就是你发声的管道。为什么我们易效能对讲师的要求是"上台能讲课，下台能跑马"？因为没有跑马拉松的体能，你讲 2 天课根本支撑不住，别说讲 2 天课了，很多人扯着嗓子讲 2 个小时，就没声了。

我也是跑过马拉松的人

声音要有变化、有停顿。声音快慢不是问题，因为每个人的个性不同。我性格急躁（暴脾气，别嫌弃），说话就快；我的老公性格稳重，他说话就慢。这都不是问题，问题是声音要有变化、停顿，讲到关键处停顿、强调、扫视观众，就像古代说书人在说到高潮时停住，用目光扫视观众，并拿起醒木敲一下桌子，停顿几秒后才继续讲下去。

还有一个问题，也经常被学员问到："Sophie 老师，我普通话不标准，怎么办？要不要报个普通话培训班？"我的回答是，除非别人听不懂，否则没有必要报培训班，因为普通话不标准不是你的缺点，而是你的特点。国内很多名家学者的普通话都不标准，但是丝毫不影响他们思想的光芒、人格的伟大、影响的深远。

身体语言既不能太刻意，也不能全凭感觉，有点像体育老师那会儿教我们三步上篮投篮，先教一个标准，比如先要进三分线，然后三步，一大二小三跳，在这个标准的基础上再找感觉，到底是进三分线后第 2 步开始还是第 3 步开始，到底是先迈左脚还是右脚，就看个人习惯，不用很死板、非要按固定模式来做。

我看很多学员在 PPT 演讲秀过程中，还在使劲回忆演讲内容："呃？我讲到哪一个要点了？下一个要点是什么来着？"因为对演讲内容不熟悉，就会自动忽略身体语言。所以必须要在台下准备充分（参考本书第六章的《写稿？背稿？念稿？六步准备高光演讲》），这样才能确保你上台后有时间、精力去顾及和演绎你的身体语言。

留个作业：看你自己的演讲视频，看看你的台风，把改进点发到《PPT 演讲力》读者群。

讲出转折——用"神转折"告别"铺地毯"演讲

可以说，没有"神转折"就没有精彩而又引人入胜的情节。在抖音中，很多爆款视频都是利用各种"神转折"剧情打得观众措手不及。还有些视频在最后一秒设置"神转折"，以获取用户更长的页面停留时间。一般文案都是"一定要看到最后""最后那个笑死我了""最后一秒颠覆你的三观"等。

在演讲中，学会这种"神转折"也能引起观众的兴趣和关注。从内心深处来说，人们更希望有波折起伏的情节来带动自身情绪的变化和思维的变化。

神转折的关键是善用魔术词"虽然""但是"。老学员都知道我有一个口头禅"BUT"，我有多喜欢说"BUT"，我就有多喜欢"神转折"。"神转折"＋"神道理"是一对双胞胎。你可以先讲一个神转折的故事，再讲一个神道理。

比如"神转折的故事"。

拳王阿里大家都知道，他是一个黑人，打遍美国南部无敌手。在同时期，有一个白人，叫傅得沙，打遍美国北部无敌手。一山不容二虎，美国只能有一个拳王，于是，两个人决定决战，代表南方和北方，代表黑人和白人。

第一场傅得沙赢了，第二场阿里赢了，平手。第三场，十个回合下来，双方都觉得自己要被打死了，阿里说："我不打了。"傅得沙也说："我不打了。"谁都不肯再上台了。阿里跟教练说："我们扔白毛巾吧（扔白毛巾代表认输），投降吧！"

但是就在阿里的教练刚要扔白毛巾的时候，傅得沙的教练先把白毛巾扔到了外边，动作快了 0.01 秒。最终阿里获胜。

所以到今天，我们只知道拳王阿里，而不知道傅得沙，这就是马云讲的赢在 0.01 秒的故事。这个故事告诉我们一个"神道理"：你只要咬牙多坚持 1%，就多那么一点点，你就可能会获得成功，成为赢家。

个人在进行自我营销的时候，也需要打造一个拥有曲折情节的人生故事，也就是人生"神转折"。比如一个人考了第一名，他努力学习，结果又考了第一名，这个故事就很平淡。但是一个人开始时考了倒数第一名，他努力学习，结果考了第一名，这个故事就会让人印象深刻！"差生"逆袭为"优生"的故事，用一个公式总结就是，事故＋努力＋改变＝故事，从"事故"到"故事"就是一个神转折。

比如我曾经做过一个演讲，主题是"人生有很多困难，这样到底好不好？"里面讲了一个我自己的故事。

首先是"事故"。

一说就是 8 年前了，朋友介绍我去一家公司培训有关工作汇报 PPT

的课程，试讲后就被委婉拒绝了，说我的风格不适合日韩企业，适合欧美企业。这样说其实是照顾我朋友的面子，说白了就是当时我还不够优秀。我很受打击，有梦想破灭的感觉（梦想成为全球最棒的 PPT 演讲老师）。

接着就是"努力"。

怎么办? 面对! 学习! 弥补理想和现实的差距。包括和易效能公司创始人叶武滨结缘，也是在他的时间管理课上学习，当时他没有 PPT 课件，我就帮助他从 0 开始搭建课程体系（引流课—核心课—利润课—种子课），用三年时间，快速成为时间管理培训赛道 No.1。

最后就是"改变"。

叶武滨非常感激我并支持我在易效能公司平台实现梦想，邀请我分享 PPT 制作经验，当场就有同学付费报名，促成了首次开班。如果没有前面被拒的困难，面对这次机会我很有可能还是因为不够优秀又错过了。

还没完，我又转了一下，为什么? 好故事的走向应该像 "W" 的形状一样跌宕起伏，即"失败—成功—再失败—再成功"。

又是事故。

人生不仅不会一帆风顺，还要做好与困难做持久战的准备。第一期有 19 位学员，第二期学员从哪里来? 当时我没名气、没背景，各方面都不如人意。

又是努力。

我能做的就是和困难打持久战。所以，别的老师通常下课就走人，我不，我留下来送走最后一位学员才离开教室，不仅送走最后一名学员，还送他们 90 天刻意练习指导，帮助他们用 PPT 工作汇报升职加薪，用 PPT 商业计划书融资千万，用 PPT 课件创意教学……

又是改变。

比别人多付出，同时不奢求短期就有快速回报，才有现在的百人大班，受邀到澳大利亚、加拿大开课。

最后的"神道理"就是，人生有很多困难，这样到底好不好？实际上这样才是好的，因为这样你才能够学习，才能够受到磨炼，才能够提升自己，如果一个人从小到大都很顺，他的人生一定十分无趣。

再比如，乔布斯在斯坦福大学的演讲。

事故。

30 岁被自己创立的公司炒鱿鱼了……

努力。

在接下来的五年里，我创立了一个名叫 NeXT 的公司，还有一个叫 Pixar 的公司，并和一位优雅的女士相爱……

改变。

这个女士后来成了我的妻子，我们一起建立了美满的家庭。

Pixar 出品了世界上第一个用电脑制作的电影《玩具总动员》。苹果公司买下 NeXT 后，我又回到了苹果公司，我们在 NeXT 公司开发的技术成了苹果公司这次重新崛起的核心。

乔布斯告诉我们的道理是，你需要去找到你所爱的东西。对于工作是如此，对于你的爱人也是如此……如果你现在还没有找到，那么继续找、不要停下来，只要全心全意地去找，在你找到的时候，你的心会告诉你的。就像任何真诚的关系，随着岁月的流逝只会越来越紧密。

广告其实也是这个套路，我最喜欢看泰国的广告，全都是"神转折"。比如很有名的潘婷的《You Can Shine》这支广告还获得了纽约电影节短片银奖。该广告讲述了一个泰国聋哑少女学习演奏小提琴，生活不断给她阻碍，但她没有放弃自己，最终突破阻碍在舞台上光彩夺目的故事。

你看，还是"事故"——

天生聋哑的她无法拉小提琴。

还是"努力"——

不顾天生的耳聋和同学的轻蔑打击，她依然加倍努力地学习小提琴。

还是"改变"——

在舞台上大放光彩，所有人都站起来为她鼓掌叫好。

最后"神道理"，在广告里，女孩用手语问他的启蒙老师："为什么我和其他人不一样？"老师并没有直接回答，而是反问她："为什么你一定要和别人一样？上帝不会无缘无故创造你，他一定会为你做最妥善的安排。"短短的 4 分钟，感人至深。女孩逆袭成功，完成华丽的转身。

如果说自我介绍是高频演讲 No.1，那人生故事就是高频演讲 No.2。本节的作业就是用人生故事公式，讲一个自己的"神转折"故事，比如你遇到的最大困难是什么？你是怎么克服的？发送到《PPT 演讲力》读者群。

讲出转折——用"有问题"的演讲勾住观众的兴趣和注意力

你知道吗，回答问题是人类的条件反射。当你提出问题时，人们会不由自主地想要做出回答。即使不出声，他们在心里也会默想答案。所以，只要你提出问题，停顿几秒，让人们思考一下，你就能完全掌控观众。当然也不是随便问，而是要精心设计你的问题，然后提问，以得到你想要的答案。

"有问题"的演讲

迅速地唤起观众的兴趣和注意力。

易效能®PPT营销力课程Sophie老师

| 01 | 02 | 03 | 04 | 05 |

"有问题"的开头　　"有问题"的中间　　"有问题"的结尾　　"有问题"的标题　　"有问题"的自我介绍

"有问题"的开头

我在 PPT 营销力沙龙上经常以问问题开场："亲们，希望以后不再加班熬夜做 PPT 的伙伴请举手？"（我伸出手，示意大家举手）"希望以后工作汇报 PPT 得到老板肯定、产品方案 PPT 得到客户订单、IPO 路演PPT 得到风投融资的请举手？"全场举手，没有人会拒绝这样的问题。而且一开场就和大家通过"举手"的方式互动，可以让大家在肢体发生改变时，情绪也发生改变，从而马上融入你演讲的情境中。

再比如，你要竞聘市场部门主管，你可以这样开场。

尊敬的各位领导、同事：大家好！

今天，能够站在这里竞聘部门主管，我感到十分荣幸。

在参加竞聘之前，我曾经问了自己 3 个问题。

（1）我为什么要参加这次竞聘？

（2）我凭什么参加这次竞聘，我的优势在哪里？

（3）如果竞聘成功，我能为公司做些什么？

我认为，回答好这3个问题，是我胜任市场部门主管的先决条件。下面，我就用"心"向各位汇报一下我对这3个问题的思考。

你看，这3个问题就勾着、引着观众与演讲者一起思考、一起探究。咱还可以问的更猛烈些，用连续发问引出演讲主题。

举例1：在大学毕业求职总动员会上，有位老师就用连续发问引出演讲主题。

同学们，当前我们大学生求职遇到了不少困难，原因是什么呢？是我们国家的人才太多了吗？是我们学的东西过时了吗？还是我们不再符合社会需求了呢？面对这么多的问题，我们这些即将走出校门的大学生又该如何应对呢？

举例2：分享客户拜访技巧。

在准备这个话题之前，我不禁问自己，为什么我们有时候面对客户小心谨慎、处心积虑地准备，却吃了闭门羹？为什么关键时刻临门一脚想要促成交易，却经常被客户拒绝？为什么同样的产品、同样的客户，换了一个不同的销售员就会得到不一样的拜访结果？高效拜访客户的奥秘究竟在哪里？我带着这些问题采访了一些经验丰富的同事，把这些内容整理成了今天的分享。

举例3：领导做公司内部讲话。

大家是不是会遇到类似的问题：项目进度总是比预计的时间延后；项目成员之间争资源，不和谐；与合作部门之间的沟通有障碍。今天就聊聊这几个大家困惑已久的问题。

以上三个案例都是用连续发问的方式引出主题，抓住观众。

"有问题"的中间

很多学员 PPT 翻页过渡有些太生硬，往往就一句话："这页 PPT 讲的是……，这页 PPT 讲的是……，这页 PPT 讲的是……"或者直接念 PPT 标题，像是机器人。这时，建议用**对话性的问题"钩子"过渡**。比如：

上页我们讲了……，为什么这么说呢？

上面我们讲了……，我们该怎么用呢？

遇到刚才讲到的这个问题，我们该怎么办呢？

这样就非常自然了。

"有问题"的结尾

"有问题"的结尾就是"设问"，自问自答；或者"反问"，只问不答。不管哪种，都会强烈地触动观众深思，引发观众的共鸣。

比如一位学员做 PPT 演讲"与生活死磕的女人们"，用了"设问"的自问自答结尾——"生活老欺负我们怎么办？那就跟它死磕、拼命啊！那要是打不过呢？反正咱也没打算'活着'离开这个世界！"两次设问，既点明了演讲主题，又加深了观众印象，让观众与自己一起在信念与情感上再一次得到升华。

再比如范仲淹在《岳阳楼记》中的"设问""反问"双结尾。在结尾之前，范仲淹其实在讲迁客骚人，天气不好的时候就情绪低落，天气好的时候就情绪高涨。但是范仲淹说古代牛人却不一样，什么样呢？

"不以物喜，不以己悲"。不因外物的好坏和自己的得失而或喜或悲。虽然古代牛人"不以物喜，不以己悲"，却总是为国忧、为民忧。

那古代牛人什么时候才会感到快乐呢？"先天下之忧而忧，后天下之乐而乐"。能说出这句话的真的不是一般人，一定是一个脱离了低级趣味的人，一个纯粹的人，为了一个纯粹的目的去奋斗的人，纵观历史，也没有太多的人可以承担得起这句话、这种荣耀！

前面有两个设问，所以最后加了一个反问："噫！微斯人，吾谁与归？"更是志存高远，没有这些古代牛人，我又能同谁一道呢？其实就是说自己就是这样"不以物喜，不以己悲""先天下之忧而忧，后天下之乐而乐"的人，绝了。

结尾三个问句，也将范仲淹的观点和精神和盘托出。我记得初中学《岳阳楼记》要全文背诵，为什么？因为是经典。人生迷茫的时候该读读范仲淹，我用两个字形容他——硬汉。他的一生，三起三落，是不断挑战自己、同艰难环境斗争、内圣外王的一生。他写《岳阳楼记》时已58岁，被贬官。对于工作中遇到的种种挫折、丑恶和负能量，他在文中一个字都没写，写的都是对国家、对人民的一腔热情，正能量。难怪范仲淹被朱熹尊为"天地间第一流人物"。

"有问题"的标题

很多销售在做公司介绍时，PPT标题上会这样写："公司介绍""我们的方案""我们的优势"等。不妨试试以下问句："我们是谁？我们如何帮到您？为什么选择我们？"其实，只是把陈述句转换成问句，效果就会大大不同。

问句能给人制造疑问和悬念，能增加演讲关注度，或者文章点开率。只有观众对你的演讲话题感兴趣，才会来听你讲，才有可能进行二次传播。

很多畅销书的标题都是自带问题的，用问句击中读者的内心需求。

比如：

《高能要事：为什么成功路上不拥挤》；

《谈判：如何在博弈中获得更多》；

《内向者优势：如何在外向的世界中获得成功》；

《贫穷的本质：我们为什么摆脱不了贫穷》；

《影响力：你为什么会说"是"》。

这些书名都采用了"主题关键词＋问句"的形成，问句就是用如何、为什么，问中、问出痛点、利益点。

"有问题的"自我介绍

对大多数人来说，业务是最容易与他人产生链接的，自我介绍里可以用发问来突出、传递业务价值。

比如房产中介，就可以自我介绍说：

"如何买到最适合你的房子？你现在的房子值多少钱？房价这么高，还能不能投资房产？如何投资？这些就是我每天工作的内容。"

听后，你就会对这个人有兴趣了，他提出的问题突出、传递了他的价值。

所以每一个问题，其实都是你向观众扔出的一个钩子，勾引观众，观众像鱼一样咬住了，自然愿意听你往下讲，真的是屡试不爽。

留个作业：给自己的 PPT 演讲设计一个"有问题"的主题，发送到《PPT 演讲力》读者群。

第四章

PPT

果——最大化 PPT 演讲的影响力

判断 PPT 演讲成功与否的标准其实很简单，就是有没有通过 PPT 演讲达到你想要的结果，也就是有没有影响观众去行动、去改变、去传播。

围绕一个可以传播的观点，重复、重复再重复

观点只要一个

想想如果你的整个演讲只有一句话能被观众记住，你希望是哪一句？这句话就是整场演讲的核心观点，也就是小时候语文老师教我们的中心思想、主题。一场演讲可以讲的内容太多了，一定要先确定一个核心主题（即观点），所有的内容再围绕着主题展开，讲深讲透，这样逻辑才不会混乱。

比如梁启超的《少年中国说》就是聚焦在一个可以传播的观点——"少年强则国强"，百余年来一直激励着中国的一代代年轻人。再比如，乔布斯的一句"Stay hungry stay foolish"（求知若饥，虚心若愚），是他一生的经验总结，也是给想要改变世界的年轻人的最有价值的忠告。

不要试图在一次演讲中给观众灌输好多个观点。观点多于一个的话，观众不容易记住，等于没有观点。所以要把你的演讲目标（参考前文的"观众画像"部分内容）归纳提炼为一句话。如果用一句话去概括你演讲的观点，这句话是什么？即便观众忘了所有其他的演讲内容，这句话还是忘不掉。你的演讲意识必须要从"我能讲多少"转变为"观众能记住多少"。

观点要重复

"重复"是传播的一种手法，像很多广告一样，你需要将核心观点提炼成口号，比如"送礼只送脑白金""怕上火喝王老吉""好空调，格力造""奶茶就要香飘飘"……然后重复、重复再重复。当每个观众都牢牢记住你的口号时，你就成功了。如果没有，观众就会很快忘掉你的演讲，只留下一些整体感受评价，比如很不错、一般般、没意思等，没有观众记忆，就没有二次传播。

让我们来看看乔布斯是怎么做的。

当年发布 Macbook Air 笔记本电脑时，在发布会演讲过程中，他说："Macbook Air 是什么？一句话概括——世界上最轻薄的笔记本电脑。"

之后接受电视台采访的时候他说：

"这就是 Macbook Air，它是世界上最轻薄的笔记本电脑。"

然后苹果官网首页的广告语也是：

"Macbook Air，世界上最轻薄的笔记本电脑。"

接着苹果在给媒体的新闻稿里写的还是：

"我们已经制造出了世界上最轻薄的笔记本电脑。"

不厌其烦地重复，让全世界都记住了"Macbook Air 是世界上最轻薄的笔记本电脑"。只要你有最核心、最关键的一句话，然后不断重复，就非常有效果。乔布斯绝对是这方面的大师。

除了观点，重复还可以形成幽默梗和记忆点。

一句话、一个动作、一个表情都可以重复……比如我在课上老说"BUT"，就成了梗，一说"BUT"，同学们就哈哈大笑，还被同学们学了去，也跟着说"BUT"。再比如李佳琦的"OMG"，几乎出现在他的每个视频中，配上浮夸的表情及语调，试问有哪个女生能抵抗？把一个词翻过来倒过去讲，就构建了你的说话风格。

观点要新颖

参考本书中的以下章节。

- "'新'观点（-AA）"（第一章中的《让演讲充满新意——演讲者都是"总裁"，总是别出心裁的人》）。
- "反主流——提出与主流完全相反的思想"（第一章中的《让演讲出人意料——拥有逆向求异思维才能制胜演讲》）。
- "正话反说——任何一个名言警句都有相反的道理"（第一章中的《让演讲出人意料——拥有逆向求异思维才能制胜演讲》）。

观点要小角度切入

确定了一个演讲主题之后，怎样破题才是正确的方法？

答案是小角度。什么是小角度？就是一个人视角，不是多个人视角，比如联合国一直在公布偷渡溺亡的难民数字，直到那名叙利亚儿童死后被冲上岸，各国政府和民众才真正改变对待难民的态度。

再比如奥巴马演讲"无畏的希望"时，开场讲道：

"找的父亲是一个外国留学生，他生于肯尼亚的一个小村庄中并长大成人，他小的时候还放过羊……父亲拿到奖学金，荣获赴美留学的机会……"

以他父亲小角度切入大主题："对于很多踏上这片国土的人而言，这意味着自由和机遇。"

"小角度"的这个人和你的关系越近越好，最近的就是你自己的第一人称视角，这样就会让你和观众靠得很近，会引起观众的共鸣。然后经过你大挖掘、大思考、大激动的演讲，最后输出大道理，这样"低开高走"，你的表现就会非常好。

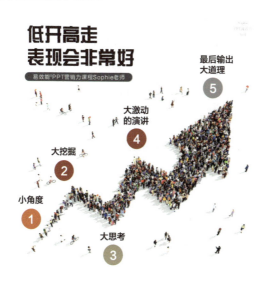

比如本悟法师的演讲"可以错，但不要错过"。

小角度——

看央视的《开心辞典》节目，看到有个选手只剩下最后一关的三道题。主持人问他是否继续答题时，他略微犹豫了一下，还是选择了继续答题。

大挖掘——

其实许多选手到了这一步一般都会选择放弃，因为谁都知道，题一道比一道难，答错了就前功尽弃，前面的努力将付之东流。结果，这个选手还是答错了，不过却是一脸轻松的表情。

大思考——

主持人问他对刚才的选择是否后悔时，他说："当然不后悔。因为继续答题是一个机会，如果错过了这个机会，我才会真正地后悔。题可以答错，但绝不能错过机会！"

本悟法师没有从大角度讲——很多人（多人视角）因为害怕失败，所以一直待在舒适圈，错过了机会，遗憾终身；而是从小角度，看一个选手的选择，这个选手的这个选择就代表了所有人都会碰到的"失败和遗憾"选择，观众脑子里就开始自动搜索、匹配："我暗恋一个女孩，我该不该表白？我是回老家接受安排好的工作，还是到大城市打拼？……我该选择哪个？"

大道理——

机会总是稍纵即逝，可以错，但不可以错过。没有成功，你不会后悔；而错过成功的机会，你必然会后悔。

如果不是自己的故事，也可以切换成"你的视角"，讲"你的故事"，也就是 IF 角色代入法。罗振宇就经常在跨年演讲中使用这招，比如 "2018 年，我印象最深的一个时刻，是我听到了一位船长的故事：6 月 8 日，这位船长驾驶着他的货船'飞马峰号'，从美国西雅图出发，目的地是中国大连"。本来是船长的故事，但是他随后立即切换视角—下面这句话非常关键，他说："我想象了一下，假如我是他……"这么一句话，他就以自己的第一人称角色代入了。

再比如，讲到扶贫的例子，罗振宇又用 IF 角色代入法把自己代入，"假设我是一个基层的扶贫干部……"

留个作业：强烈推荐观看白岩松在耶鲁大学的演讲"我和我背后的中国梦"，体会什么叫小角度讲出大时代。

自我介绍，让别人一下子就记住你

首先把自我介绍浓缩成标签去传播，才能快速、有效地连接到你想要连接的人和资源。很多学员的标签是——我是终身学习者，我是时间管理或 PPT 营销力践行者，我是 1/2/3/4 个孩子的爸爸或妈妈……这些都是无效标签。为什么？这些标签就好像跟全世界在说，我是人类，我是人类，我是人类……是人就要学习，是人就要生小孩。在你还不是很出名的时候，人家根本不关心你学习不学习，有娃没娃、有几个娃，甚至连你是男是女、多大年纪都不关心，他们只关心你有什么价值。当然，当你很出名的时候，你就不需要标签了，比如马云这个名字就等于一堆标签，秒懂。

自我介绍公式：MTV

Me，我是谁?

Task，我做过什么？证明我牛！

Value，我的价值是什么？

1. Me，我是谁？

"傍大款"

如果自己的公司很有名，就可以用"企业＋职位"作为自己的标签，比如"张三，腾讯产品经理"。百度的技术、阿里的运营、腾讯的产品经理，业内的口碑那都是很响亮的。

如果自己的公司没有名气，但职业有名，比如律师、医生、老师、警察，就用"职业"标签，比如"张三，妇产科医生"。

如果自己的公司没什么名，职业也没什么名，就用"业务"作标签。对大多数人来说，业务是最容易与他人产生链接的，突出业务是最好的标签设计，比如：

张三，猎头；

张三，旅游；

张三，培训。

我们来看唐僧的自我介绍："贫僧唐三藏，从东土大唐而来，去往西天拜佛取经。"全是"抱大腿"，大唐就是知名企业，僧人就是有名职业，取经就是扬名业务。

还有哪些是"大款"呢？比如名校、MBA、博士学位、书籍等。

差异化

标签就是定位，要差异化，表明你和别人有什么不同。 很少有人会记得第二名是谁，要么第一，要么唯一。根据冠军战略，只要成为第一，人、财、物及信息等资源就会全部聚集而来了。差异化有两招：垂直细化和横向跨界。

垂直细化也就是聚焦，越聚焦越成功。 比如下面的两个例子。

张三，猎头；→张三，IT/ 互联网行业猎头。

张三，旅游；→张三，2~6 岁亲子旅游。

再比如"怕上火就喝王老吉"。饮料有很多，王老吉聚焦"怕上火"，这就和别的饮料不一样了。

还有飞鹤的广告语——"更适合中国宝宝体质的奶粉"，奶粉有很多，飞鹤聚焦"中国宝宝"，这就和进口奶粉不一样了。得益于这一非常有辨识度的品牌建设（广告语），2019 年，飞鹤（中国）超越惠氏（海外）成为行业第一品牌。

差异化的本质就是你能不能找到你最熟悉的那一类客户，专注在这类客户上，让自己的成效最大化。让大家记住"你是最善于处理这类客户的人"，你就聚焦成功了。

横向跨界

很多人都面临一个问题："我擅长的地方，别人也擅长，而且别人比我做得还要好，我该如何做出差异化的定位？"

答案是：跨界。

我看过一本书，书名叫《鱼翅与花椒》，也推荐给大家，晚上看这本书真的会饿。读这本书超级过瘾："到市场里买鸡，是这么挑的：从爪子就能看出来鸡的年纪。你看这只鸡的拇趾几乎都没长，表示它还很年轻。"说的我也想去挑鸡，那种市井巷子里面的烟火气充满了人情味儿。就像作者扶霞·邓洛普说的："让人念念不忘的永远都不是饕餮盛宴与满汉全席，而是街头巷尾的袅袅炊烟，那是最最朴素的生活，纯天然无修饰。"

这本书豆瓣评分 8.3，很厉害了，但这不是作者最厉害的地方，作者最厉害的在于她的标签。扶霞·邓洛普是外国人，剑桥大学的文学学士，有很好的写作能力，因为超级热爱中国美食，后来又在四川烹饪高等专科学校接受了三个月的专业厨师训练，有很好的中餐厨艺水平。

但是写作好的人有很多，厨艺好的人更多。每一个时代，每一个国家，每一种美食，厨师多如牛毛，想成为其中的佼佼者，竞争相当激烈，难度相当高，她成为顶极厨师的可能性极小。扶霞·邓洛普既不是厨艺最高的厨师，也不是写作最好的作家，但是她是厨师中写作最好的，作家中厨艺最好的，也就成了最优秀的美食作家，四次获得烹饪写作大奖，通过跨界实现了差异化定位。

再比如：

张三，培训；→张三，PPT 演讲培训。

这个说的就是我啦。PPT 培训很多，演讲培训更多，跨界，把自己定位到 PPT 演讲，很容易就可以做到第一了。

还有冯仑，他的标签是商界哲学家。商业领袖有很多，哲学导师更多，他跨商业、哲学两界，就形成了独具魅力的个人标签。

让别人看到这个标签就想起你，看到你就想起这个标签，占领别人的心智空间，就算是定位好了。

2. Task，我做过啥？证明我牛！

这部分就是要用数字、故事、背书证明你的标签。比如"我累计捐款 2700 万元""我儿子考上了哈佛大学""我卖了 4 亿元的房子"……结果就代表了我是谁。

张三，猎头。

→张三，IT/ 互联网行业猎头。

→从业 8 年，服务超过 30 家知名 IT/ 互联网公司，帮助 280 位 IT/ 互联网人才找到心仪的工作，平均年薪 50 万元。

张三，旅游。

→张三，2~6 岁亲子旅游。

→张三，2~6 岁亲子旅游。我带团十余年，去过世界七大洲的 100 多个国家和地区，高峰期每两年就会新鲜出炉一本盖满印章的护照。有了孩子之后，在她不满 1 岁时我就带她看世界了，到现在已经 6 年了。

3. Value，我的价值是什么？

再进一步，你这么牛，跟观众有什么关系呢？也就是说，你能为观众做什么？相反，很多学员在自我介绍的最后，都会说："请大家多多帮忙，请大家多多关照。"这是在要求观众为你做事，是最没有用的话。

张三，猎头。

→张三，IT/ 互联网行业猎头。

→从业 8 年，服务超过 30 家知名 IT/ 互联网公司，帮助 280 位 IT/ 互联网人才找到心仪的工作，平均年薪 50 万元。

→年后是换工作的高峰时段，我手上有很多"BAT"公司高端招聘的岗位，如果你们或你们身边的亲朋好友想跳槽到"BAT"，可以找我引荐，我可以协助你们准备这些大公司的面试，以及传授谈薪酬的经验。

有没有感觉认识了一个财神？加他加他。

张三，旅游。

→张三，2~6 岁亲子旅游。

→张三，2~6 岁亲子旅游。我带团十余年，去过世界七大洲的 100 多个国家和地区，高峰期每两年就会新鲜出炉一本盖满印章的护照。有了孩子之后，在她不满 1 岁时我就带她看世界了，到现在已经 6 年了。

→2~6 岁亲子旅游在我国还是新鲜事儿，但是在日本、欧美国家，带婴儿、低龄儿童外出旅游已经很普遍了，我们经常会看到一些外国人手推婴儿车，或者怀抱婴儿全家出游。一生很长，但能纯粹与孩子相伴的时间就是 0~6 岁学龄前，这个时期，孩子依恋父母，没有学业压力，父母放下繁重的工作，专心陪伴孩子旅行，无论对孩子还是对我们来说，都是一生中最美好的亲子时光。带孩子旅行很麻烦，要选择适合孩子的路线、景点、酒店……准备充分，应对状况，我给你们准备好了各种路线，让你们省心省钱少走弯路。

宝妈有没有感觉天都要亮了？加他加他，"我要带孩子出去玩"。

你的朋友圈大小，不在于有多少人能帮到你，而是在于你能帮助到多少人。所以我们在自我介绍时，要学会主动展示自己的价值，告诉别人你在哪个领域有优势、在哪些情形下可以帮到别人，让别人知道你的价值，并且在适当的时候找你帮忙或合作。

所以 1/2/3/4 个孩子的爸爸或妈妈是无效标签，对别人没价值，但是如果你擅长育儿，你把 1/2/3/4 个孩子教育得特别好，而且你还能指导其他有困惑的爸爸或妈妈，周围的亲戚朋友有育儿困惑，第一个想到的就是你，那么你就有了价值，"育儿达人"就是有效标签了。

标签一个就够了，最多也不要超过三个。

很多人头衔标签一堆，一张名片都印不完：

×××学院院长

×××机构创始人

×××杰出创业家

×××企业顾问

×××认证教练

×××演讲老师

……

看上去有"这个人好牛"的感觉，但是别人往往一个都记不住，最后就相当于没有这些头衔。所以，要想给受众留下深刻的印象，就必须把你的标签聚焦在一点上，让人一次记住。

比如保留唯一的标签"演讲老师"，其他所有的标签介绍，都需要围绕"演讲老师"这个点去呈现获得的成就和荣誉，其余的什么形象顾问、创业家头衔都可以减掉。

另外，我们可以加上一个跟成就无关的标签，比如"烹饪高手""公益乡村教师""极限运动挑战者""中医爱好者"。这样的标签会让你很立体，不功利，也会让你更受欢迎。

到这里，你是不是发现要做好一个自我介绍其实并不难？

留个作业：当别人问"你是做什么的"时候，你怎么回答？把你的答案发送到《PPT 演讲力》读者群，让我们也来认识你。

人在江湖漂，标签是把刀。标签起得好，江湖任逍遥。

打造个人 IP，积累私域流量

打造个人品牌就是营销自己的专业/专长，这跟公司品牌营销产品、服务一样。你能看到的顶级的专业人士，同时也都是顶级的营销高手。比如毕加索除了是绘画大师，还是个营销高手。他不仅会画画，更会卖画。每当毕加索要出售他的画时，都会先办画展，然后召集大批熟识的画商来听他讲故事（其实就是 PPT 演讲，一边看画，一边讲画，一边卖画）。毕加索深谙个人品牌营销，他也真的是人生赢家，活到 92 岁寿终正寝，遗产换算到今天有 395 亿美元，是有史以来第一个活着亲眼看到自己的作品被收藏进卢浮宫的画家。

相比之下，凡·高的绘画技艺不输毕加索，甚至更好，最高峰时，全球拍卖最贵的 10 幅画中有 5 幅都是凡·高的作品，但这都是凡·高死后的事儿了。凡·高不会卖画，一辈子仅卖出一幅，还是朋友看他可怜照顾他。凡·高 37 岁吞枪自杀，死之前还割掉了自己的耳朵。会不会营销自己，差别就是这么大。

个人品牌营销，说到底是两步。

第一步是 IP 定位（参考本章的"自我介绍，让别人一下子记住你"）。

第二步是输出占位，围绕个人 IP，长期、优质输出，输出的过程就是传播、营销。

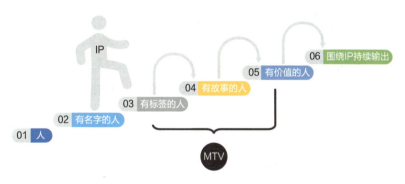

围绕 IP，因为专注，所以专业。千万不要妄想你可以同时打造两个或更多 IP，这是非常困难的。就算是摆地摊也要搞单品突破，千万不能搞成杂货铺。

持续优质输出，其实就是往池塘里不断地扔石子。

石子——

包括 PPT（图片）、文案（文章）、演讲（音频、视频）等，它融合了逻辑化说服和视觉化呈现。

池塘——

文案：微信朋友圈、新浪微博等。

文章：公众号、知乎、豆瓣、简书、头条、百家号、搜狐号等。

音频：喜马拉雅、千聊、荔枝、蜻蜓等。

视频：抖音、快手、视频号等。

群：微信群等。

不断扔——

品牌是拿时间砸出来的。就像一个产品才上市几年，就宣传自己是知名品牌，那是忽悠！同样，一个人如果在一个行业没有几年的积累，就宣传自己是知名人物，那也是忽悠！

下面以牙医为例，我们看看个人品牌打造的过程是怎样的。

如果你是牙医，你提供的服务是口腔保健，就是拔牙、补牙、整牙等。当你给自己匹配了 PPT、演讲输出能力时，你的人生就不一样了，任何行业都有 90% 的人不愿意输出，你只要开始，就超过了 90% 的人。

一开始你可以通过 PPT 海报、打卡，在朋友圈、公众号、知乎等平台传播口腔保健知识，你的每一个输出，都在潜移默化地影响、占据用户的心智。所以我鼓励学员 PPT 打卡发朋友圈，因为你每天发的朋友圈，相当于每天都在做 PPT 演讲，图片就是 PPT，文案就是演讲稿，朋友圈就是打造个人品牌的绝佳舞台。如果你的微信好友有 100 人，就相当于你有一个 100 人的舞台，如果你有 2 个微信号满员，相当于就是 1 万人的舞台，晒得好，别人还会帮你转发，撬动更多的影响力。

说到这里，很多人都没有让朋友圈发挥出最大的价值，把它变成一个打造个人品牌的平台。以前了解一个人，我们需要时间来证明。现在通过朋友圈就能对一个陌生人做快速判断。平时刚添加一个微信好友的时候，你是不是会马上翻翻他的朋友圈，了解一下对方？同样，别人也是通过朋友圈来认识你，你每发布一条动态，就会多一个展示自己的窗口。所以你要把自己当成产品包装一下，你的这个人，还有你产生的内容，都将成为你这个品牌的代表。

　　朋友圈封面就是一个置顶的零成本、高曝光的黄金广告位，朋友圈内容会被刷下去，封面永远在第一视觉内，甚至不用加你为好友，都能看到你的封面。如果你可以用 PPT 制作，视觉化展示自己的标签，就不要放一张不明所以的风景图了。

　　微信昵称相当于公司名，一般用真名，或者艺名。微信昵称一定要好记，顺口。比如 Sophie 是我给我自己取的英文名，来源于中学时期读的一本哲学启蒙书籍《苏菲的世界》，当时读完就好像被命运之手推了一把，这就是我想要的感觉，所以我取名 Sophie，与这本书的主人公同名，其实就和哲学（Philosophy）同根，前面的 "Philo" 是一个男孩名，是爱的意思，后面的"Sophy"，是一个女孩名，是智慧的意思，也就是我的名字 Sophie，我就想成为有智慧的女子。名字有塑造人心的力量。

千万别用"轻舞飞扬""紫色忧伤"或加上一堆稀奇古怪的符号，太不专业了。

微信头像相当于公司的 Logo，很多人用什么猫星人、汪星人、风景，五花八门，还有就是过一段时间换一张头像，图新鲜，这样只会让别人找不到你了，也就没法聊了。所以一定要使用职业肖像照，而且一定是在影棚拍摄的，不是证件照啊，太压抑，也是不是艺术照，太夸张。

如果你是医生，穿上白大褂；如果你是摄影师，拿着单反；如果你是做亲子的，那么可以抱着娃一起拍照，会为你的个人品牌加分不少。拍一套个人职业写真吧，几百块钱换一个崭新的形象迎接大家。所有平台啥微信、微博、简书、知乎都统一使用一个头像，方便粉丝识别。

个性签名就是一句话告诉别人你是做什么的（参考第四章中关于自我介绍公式 MTV 的内容）。

朋友圈内容就相当于公司新闻了。

发朋友圈与 PPT 演讲一样，图片就是 PPT、文案就是演讲，发之前要想一想：朋友圈的朋友想看什么？

想看三点：

第一，这人最近在忙什么？（有没有可能合作）

第二，这人最近生活怎样？（八卦）

第三，这人有什么干货分享？（学习）

每天输出一点点，晒工作、晒收获、晒知识，你就会遇到很棒的人。

慢慢地，你就成了你身边亲朋好友、公司内部关于"口腔保健 IP"的一个资源交换中心，逐渐在小圈子、小小的粉丝群体内有了影响力。

很多人会因为你而不是因为你们诊所来看牙，或者因为你，比如转发你的某张朋友圈 PPT 海报，把身边的亲戚介绍到你们诊所看牙。他们认为你是解决这件事的优先人选，牙疼找你看牙，牙不好看找你整牙，你的 IP 在帮你赚到更多业务、更多钱。

到这里，你很有可能被同行以更高的薪资挖走，或者老板给你涨薪。比如我们教练跟我说，疫情期间别人都是被辞退、被降薪，她却涨薪 50%，其实公司业绩不理想，但正因为如此，更需要她用到 PPT 营销力思维接更多的项目。

"口腔保健 IP"范畴有点大，如果再往高端发展，很可能因为竞争过于激烈而止步不前，那么你可以发展垂直细分 IP，专门针对 2 ~ 16 岁的孩子，钻研出一套自己的口腔保健方法，研发 PPT 课件，在微信群、喜马拉雅等平台免费分享，这就是自己做到了→教别人做→打造成功案例→宣传出去→吸引更多人→教更多人做→打造更多成功案例。

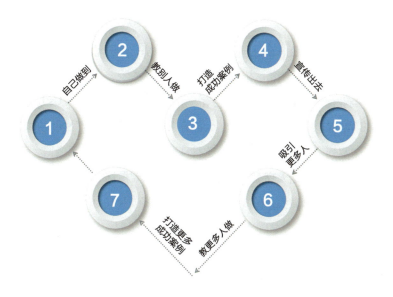

学员越来越多，你就会被很多知识付费平台邀请去开课，课程收入会慢慢地赶上工资，最后远远超出工资。这个时候，你就不光是在拔牙、补牙、整牙，而是成了行业里的标杆，异地患者甚至同行牙医都会愿意付费向你咨询。

这就已经非常厉害了，因为你已然成为连接人与人的桥梁，成为行业（大圈子）的意见领袖。这个时候，你就可以靠整合资源赚钱。未来的趋势是商业组织的结构将变为"平台＋个人"，替代"公司＋雇员"，"每个人都是自己的 CEO"，牙医会变成自由职业者。在不久的将来，拥有个人品牌的牙医，很可能开设、管理一家私人诊所，或者与多家医院签订合同、出诊看病，同时授权其他诊所挂牌、加盟。人生巅峰啊……

留个作业：重新包装一下你的朋友圈，截图发送到《PPT 演讲力》读者群。

让创业故事和产品故事像病毒一样广泛传播

对创始人来说，讲述创业故事、产品故事，是驱动其他事情的首要前提，比如融资、销售、招募高管……

商业计划书 PPT 里，通常会有一页"关于我们"（About Us），其实公司网站里也有这方面的内容，大部分人的做法就是按照公司发展的时间顺序罗列一些事件或者成就，这种"编年史"听起来毫无感觉。其实投资人最想从创始人嘴里听到的是：你为什么要做这个产品？你为什么不在你的专业领域找一份高薪的工作，而是要创业？为什么是你而不是别人？

全程无外乎论证两个事。

第一，世界上为什么需要这个项目？

你要讲一个关于产品或服务的故事。

第二，这个项目为什么需要你?

你要讲一个自己的故事，创业故事。

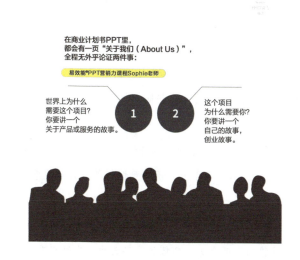

在商业计划书PPT里，
都会有一页"关于我们（About Us）"，
全程无外乎论证两件事:

易效能®PPT营销力课程Sophie老师

世界上为什么
需要这个项目?
你要讲一个
关于产品或服务的故事。

1 **2**

这个项目
为什么需要你?
你要讲一个
自己的故事，
创业故事。

创业故事就是人生故事：事故 + 努力 + 改变

我们再复习下，把这个公式缩写成一个精简版本的故事就是："我开始很惨，过程很辛苦，现在很厉害。"把这个故事讲出来，人们会更信任你、喜欢你，这就是人性。

比如每次听马云的演讲，前半段你都会感觉人生真是多灾多难，后面你会觉得热血沸腾，坐都坐不住了，我也要像他一样……所以你不够成功，可能是因为你还不够惨——开个玩笑。

而且讲一个普通人奋斗成功的故事，对大多数创业者来说是可操作的，因为大多数人刚开始创业的时候都是普通人。所以你看谷歌、Facebook 的创始人，会到处宣传说自己是在车库和宿舍创业的。可口可乐的公关人员，会到处讲自己公司成立的第一年只卖出了 25 瓶饮料。都是这个套路。

人生故事 = 事故 + 努力 + 改变，产品故事 = 事故 + 目标 + 改变

产品故事公式其实和人生故事公式是一样的。

人的事故是痛苦的经历，产品的事故就是说痛点；

人是努力，产品是目标，就是努力方向；

比如 55 度杯的创始人贾伟在奇葩大会上讲的创业故事。

事故（行业痛点）

　　一天下午，2 岁的小女儿想喝水，爷爷倒了一杯刚烧开的 100℃的开水，怕烫着小孩，还特意把杯子放到桌子中间，没想到桌上有根绳子被压在水杯下面，小女儿跳起来把桌上的绳子一拉，整杯 100℃的水烫到了她的脸上和胸上，皮全翻开了。

　　女儿惨叫，两个男人吓傻了，半天才反应过来要送医院，很严重，住了 15 天院。女儿的手啊、脚啊全都被绑着，我问为什么要绑，医生说怕孩子抠伤口。病房里有十几个孩子，被烧、被烫得惨不忍睹，没法看，都是绑手绑脚，歇斯底里、痛得嗷嗷叫。

目标（努力方向）

　　身为一个产品设计师，感到很惭愧，所以我就思考如何给我的女儿做一个安全的喝水杯，就做了一个 55 度杯，倒入 100℃的水，摇 10 下就会变成 55℃，我是希望全天下的孩子都不再被烫伤。

改变

55 度杯一下就成了爆款产品。

再比如上海青年创新创业大赛一等奖获得者黄炳川龙，先是一句话介绍自己的创业项目（参考"类比 A 是 B"）——"我在打造 App 的大众点评"，接着用公式：产品故事＝事故＋目标＋改变。

事故（行业痛点）

很多公司花费巨大人力、精力、财力开发巨好用的 App，发布后竟然无人问津。他们很困惑："我的用户在哪里？ 我们该如何用最少的钱获得最多的用户呢？"

目标（努力方向）

开发一款能够对接 App 与用户两端的软件，降低 App 的推广成本，以达到最高、最好的曝光。

改变

2015 年已服务 2000 多款 App。

黄炳川龙还讲了自己的创业故事，也是套用公式：人生故事＝事故＋努力＋改变。

事故（痛苦的经历）

为了这份事业，我休学了。没钱，不敢找父母要，到处求人，找亲戚朋友借钱，被对方以家里正在装修等各种理由拒绝，东拼西凑了 10 万元就开始干。没有办公场地，蹭了半年同学的工位。

努力

一天基本上连轴转，到晚上十二点才睡。紧凑忙碌的工作中还要穿插高强度的学习，每年都要参加两个以上的总裁交流学习班，还远赴日本、以色列等地游学，学习前沿商业思维模式。

改变

拿到大学生创业基金雄鹰计划资助。2016 年营收 500 万元，获 A 轮融资，公司员工也从初创时的 2 个人扩充到了 40 余人。

创业故事和产品故事都全了，得一等奖是自然的事。

讲创业故事和产品故事的最高境界，就是客户们都在讲你的故事。要提个醒，讲故事的前提是必须有质量过硬的产品和服务，否则失败也是迟早的事情，那就真的是事故，而不是故事了。

留个作业：假如今天是你发布新产品的日子，你最想让媒体知道什么？通过模拟新闻发布会，你会知道如何更好地介绍自己和产品故事。写好故事并将其发送到《PPT 演讲力》读者群。

讲好成功案例，让客户产生信任、感觉超值

无论是产品方案 PPT 演讲、产品发布会 PPT 演讲，还是宣传手册、软文推广等，成功案例介绍都是必选项，当我们说服客户的时候，不能仅仅靠着自己说我们的东西怎么怎么好，而要用成功案例故事来说明。

Before/After 故事法

Before 就是过去有多差（痛点），After 就是现在有多好（爽点），通过前后对比来突出产品和服务对生活的改变，变化的原因就是认识了你，或者是使用了你的产品、服务。

比如我的一个学员带着孩子（小学四年级）一起来上 PPT 营销力课程，孩子回去后创作了竞选班长的 PPT。在此之前（Before），孩子有过一次竞选失败的经历，当时的 PPT 就是 Word 搬家和单调的宋体字。学习、践行完后（After），孩子超有眼光地选用了站酷快乐体，很讨喜。

之前（Before）的 PPT 也没有什么逻辑，就是罗列各种奖状、特长……同班同学会想："你这么优秀，跟我有什么关系？"反而还容易心生嫉妒，故意不选他。之后（After）用"三点式逻辑之 WWH 黄金大法"，通过"班长是干什么的，我为什么要当班长，当班长后我会怎么干"的逻辑，脑洞大开地讲出"大家选我做班长，我保证，全班同学一个都不能少，全部交作业"。思维方式从自嗨到利他，结果成功竞选！

再比如，在华为发布 Nova 手机的发布会上，产品经理王婷婷的演讲走红网络。王婷婷没有一上来就介绍 Nova 手机的性能参数，而是先（Before）展示自拍痛点："把手机拿起来，Pose 摆起来，表情笑起来，好，然后我发现，哎，手指根本就够不到拍照键，或者勉强够到了，但是手抖了，照片糊了，朋友们异口同声地告诉你：浪费表情，有没有？这样的场景是不是特别熟悉？"

但是有了 Nova（After），一切都会变得非常简单。你在自然拿着手机的状态下，轻轻触碰指纹识别区域即可完成拍照，让我们的自拍变得从容优雅。

产品的功能性说明是很难煽动消费者情绪的，就像读说明书。要找出痛点（Before）、爽点（After），从而先后引发观众的焦虑感和愉悦感。

这个过程就是——

Before：**背景介绍→出现问题→遭受挫折。**

After：**使用产品→解决问题→改善生活。**

同行见证故事法

客户最愿意听到的就是自己同行的消息，而且越是高层，越喜欢八卦同行。原因很简单，他们面临的环境相似，问题也相似。很多 CEO

宁愿相信竞争对手 CEO 的话，也不愿意相信自己副总裁说的话，所以同行见证故事法很有效。

我以前做销售时就发现，老销售之所以厉害，就是因为他们见多识广，有很多客户同行的案例故事。所以我就长了个心眼，建立、积累好客户案例故事库，并把它们设计成 PPT。不管客户到公司参观，还是我们到海外参展，我都会讲，你的同行也是我们的客户，他们也遇到了类似的问题，有类似的需求……也就是说，我们曾经帮助过类似的人实现过类似的目标。不仅如此，我还把 PPT 保存成图片格式放到手机相册里，碰到客户，就随手拿手机，张口就能讲。

我总结过一个同行见证的演讲模式：

问题—需求—解决—效果（附照片和评价）

2B 同行见证

易效能®PPT营销力课程Sophie老师

客户最愿意听到的就是自己同行的消息，
原因很简单，他们面临的环境相似，问题也相似。

效果
（附照片和评价）

解决

需求

问题

同行买完
我们的产品之后，
最终达成了
什么效果？

我们的
产品和服务
是如何帮助
客户同行解决
类似问题的？

客户的需求
是什么？

客户遇到了
什么问题？

问题：客户遇到了什么问题？

这个不能直接问，要拐弯绕着同行问。比如像下面这样：

"我前段时间遇到过一个客户×××，他们的老总向我谈起他们工厂很头疼排班考勤管理问题，因为工厂人员多，加班、倒班较多，无固定休息日，HR 需要耗费大量的时间来管理工人的排班考勤问题，后来我们帮他解决了。不知道类似的问题贵公司是否也遇到过？"

再比如：

"×××公司的王总，今年对工厂排班考勤问题特别关注。我看你们和他们行业类似，不知道碰没碰到过类似问题？"

注意这里同行×××的名称一定要真实，但"真实"并不一定是指你亲自做的项目。凡是你公司的项目，你都可以"大言不惭"地归到你身上来。要做到这一点，你就必须要熟记自己公司的成功案例。仅仅看公司案例集还是远远不够的，因为细节不够，所以最好的办法是详细向当事人了解具体情况。做到这一点，这个案例故事就真的属于你了。

需求：客户的需求是什么？

比如，满足特殊排班需求，避免日常排班陷入混乱，尤其是在订单紧急的时候。

解决：我们的产品和服务是如何帮助客户同行解决类似问题的？

比如，同行用的就是我们的考勤管理系统，员工可以查看自己的排班安排、考勤情况，还可以申请休假，非常方便……

效果：同行买完我们的产品之后最终达成了什么效果？

比如，同行在系统改造完成后，HR 每天节省 4 个小时的工作时间，订单交期平均缩短 12%，员工满意度从 72% 提升到 95%……

通过同行的嘴完成了一个自我表扬的过程，完美。这四点是一个基本的故事构架，实际应用中可以灵活变化，还是那句话：**理解逻辑，忘掉顺序**。

公司内部一定要建立成功案例故事库，每个人都需要收集、积累和分享成功经验，使其快速复制。其实每个合同都可以写成一个成功案例。每次销售、项目完成后，我都会趁热问客户："对我们的产品、服务满意吗？"如果满意，那么就要抓住机会跟他们合影，让他们写推荐，去现场拍系统应用照片、视频，并把这些附在 PPT 里。讲述同行见证，赢得新客户的信任，帮助自己成交，真的是走遍天下都不怕啊。

在产品发布会上，你也可以邀请你的客户现身说法，讲他的成功案例（参考前面章节中的"人也是道具"）。同理，你也可能作为客户，被邀请到别人的主场分享，这时候你可以参考以下四步来做演讲。

（1）问题。

讲自己遇到的瓶颈，导致对公司业绩和发展的影响。

（2）互动。

与台下的观众进行互动，问大家有没有遇到过相同的问题，引起共鸣。

（3）效果。

然后再告诉大家你就是选用了今天会场推荐的产品、服务，才解决了这个问题，取得今天的成绩。

（4）感召。

购买这个产品、服务，你取得的成绩其实他们也是可以做到的。

最后就算不买，你至少也在潜在用户心智中种下了一个心锚。

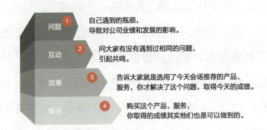

留个作业：想想自己最新完成的一个合同，练习一下，如何将这个合同转化为一个成功案例故事，附上照片或视频，插到你的 **PPT** 里，并发送到《**PPT** 演讲力》读者群。

第五章
PPT

根——为 PPT
演讲注入能量

演讲本身是一种能量的传递。演讲的根就是做自己，不要为演讲而去表演一个陌生人。我发现部分学员被一些所谓的"演讲大师"误导去模仿"打鸡血"或"成功学"的路子，效果惨不忍睹。朴实的人就讲出他的真诚、幽默的人就讲出他的机智、炫酷的人就讲出他的精彩……所以，平日里，你是什么风格，演讲中，你就是什么风格。

顶级演讲者都是有感情和能调动观众感情的人

很多公司在发布产品时会提出各种案例，但是总给人一种很假、都是托的感觉，比如有些保健品的广告总是千篇一律地播放老年人在使用产品之前（Before）瘫在床上，使用之后（After）一口气上五层楼不费劲；比如在有些电商平台上购物的时候，翻阅商品评价，清一色好评，零差评，不会是刷的吧……

为了研究如何有效避免这种情况，我专门去听、看了超过 100 个案例，把打动我的案例记下来，最后发现这些案例故事都有一个核心特点——有感情。那么，如何做到有感情和调动感情呢？

场景化（真实且具体的时间、地点、人物）

比如蚂蚁金服的地铁站广告，展示了老客户的案例故事。

时间：10：23。

地点：上海市浦东新区。

人物：王碧浩，女，25 岁，钢琴老师。

Before：为了音乐梦想辞职来上海，每一分钱都想省着花。

After：想不到不用押金就租到了房子，我和我的琴有了家。

蚂蚁金服 蘑菇租房

场景化能够将观众带入故事中，让观众有身临其境之感，跟随故事情节的发展产生相应情感。这里的人就是所有人的化身。作为演讲者，你拥有的最大资源就是你本人，作为人类的一员，你知道也经历过所有人类的喜怒哀乐、悲欢离合，正是这些共通的感情，能让你和你的观众产生共鸣。观众知道，我和你们并没有什么不同，你的经历，我也曾遇到；你的感受，我也曾拥有过。

场景化的目的只有一个：真实。真实是演讲的底线，真诚是演讲者的底线。

雷军在小米 8 产品发布会上的演讲就给人以真实的感觉，比如当他介绍到手机摄像功能的时候，他说："虽然评分超过了 iPhone X，但还比 P20 差一点点，不过已经非常非常接近了……"我原本不知道小米的竞争对手如此出色，但现在我知道了。

雷军坦诚得让人无语，但是在我心目中，这就是顶级的演讲，超越了一切技巧，是发自内心的真实、真诚。就像他说的："感动人心，价格厚道。"

林肯声音高而尖，极不悦耳，丘吉尔口吃、发音含混不清，但是他们的真实、真诚，都能弥补这些不足。没有什么道路可以通往真诚，因为真诚本身就是道路。

注意，调动感情不是刻意煽情。这让我想起一个场景。

一个演讲者上台了，开始讲一个同事的故事，还没等演讲者站好位置，悲凉的音乐已经响起。

唉，这位同事难道……牺牲了吗？

素材化：建立共鸣故事素材库

干系列

梦想、坚持、失败、成功。

爱系列

爱自己。

爱别人：亲情、友情、爱情。

爱国家、爱世界：环保、和平。

第一次系列

初恋、第一次上台、初为人父母……

用这些素材调动感情，一讲一个准。

再举个蚂蚁金服广告的例子。

场景化——

　　时间： 04：16

　　地点： 安徽省高速公路服务区

人物：朱广民，39 岁，农民

Before：揣着攒了一年的钱回家过年，半夜都要睁着眼。

After：不光钱，连车票都在手机里，很踏实。

素材化——

回家过年，就是爱系列中的亲情共鸣，暖哭了，燃爆了，超有爱……

找到敌人：敢爱真善美，敢恨假丑恶

商业上的敌人，就是你的竞争对手。

我也经常批判某些机构、老师、课程所宣称的"2 个小时快速拯救你的 PPT""1000 套模板轻松搞定你的 PPT"等，我告诫学员千万不要相信这些有煽动性的标题。因为这不是我们《PPT 演讲力》课程的价值取向，我们认为所有脱离刻意练习的学习都是很难有长期效果的。所以，我们一定要 2+90 天。

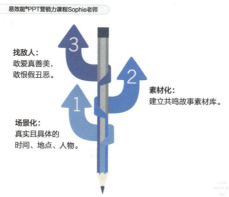

　　顶级演讲者常常会先感动自己，再感动别人，句句说到自己和观众的心坎上，或让观众点头称是，或让观众激动不已，甚至让观众无法控制自己而爆发出阵阵笑声、哭声、掌声。这就使演讲者与观众融于一体，形成共鸣。

　　留个作业：讲一个你的梦想故事（素材化），发送到《PPT 演讲力》读者群。你只有说出自己的梦想，别人才会了解你，并被你打动，然后才愿意帮助你，进一步跟你合作，让资源向你靠拢。

顶级演讲者都在用的五个现场互动技巧，让你的演讲嗨起来

　　很多演讲者只靠自己的热情和激情来影响观众，但他们没有意识到的是，这仅仅是很小一部分热情和激情，还有很大一部分热情和激情

没有用上，那就是观众的热情。一定要跟观众互动，让观众参与到你的演讲中来，这样他们就会成为你演讲的好帮手。这种感觉就像，你先自燃，再把观众点燃，观众这把熊熊大火又把你烧得更旺，是你和你的观众共同创造了这场演讲，你经营的是一个"场"，而不是你自己。

1. 要掌声

一方面，我们要学会给观众掌声。

比如观众回答问题后，我会说："大家给这位同学一个热烈的掌声。"再比如，在我们的教练 PPT 营销力分享会上，我会说："今天是周末，大家竟然没有去吃喝玩乐（或者"双 11"大家竟然没有去'剁手'），而是来学习，太棒了，来来来，掌声先送给自己。"大家欣然鼓掌，虽然掌声是给别人的，但你作为主讲人带动了气氛，其实掌声就是给你自己的！

另一方面，我们要学会给自己要掌声。

要掌声有两个关键点，一是敢要，二是要得不俗气。

"请大家给我两毛钱的掌声，鼓励一下。"

"今天我感冒了，不过据说掌声能够治疗感冒……"

"此处可以有掌声……"

观众与演讲者通过掌声得到了感情上的沟通。

2. 要举手

一般配合与主题相关的问答、投票、测试使用。

我在课上曾给学员做了左右脑测试，即做一个动作时，是顺时针还是逆时针转动。"顺时针转举手！逆时针转举手！……"学员参与热情很高。测试有着特别的吸引力，看到就忍不住要做。与其说是对做测试欲罢不能，不如说是对了解自己乐此不疲。

我还有一招——"一问到底"，比如我问"许建教练帅不帅，觉得帅的请举手"，一部分学员举手了；"觉得不帅的请举手"，另一部分学员举手了；关键在第三个问题——"两次都没举手的请举手"。所有人都笑了。

举手还可以有升级玩法。

举例 1，在准备演讲时，你一直处于焦虑状态吗？

用 1 ~ 10 的手势作答，

10 代表"极度焦虑"

0 代表"完全不焦虑"。

举例 2，如何预测 2021 年的经济走势？

拇指向上代表"强劲增长"，

拇指向下代表"严重萎缩"，

拇指水平代表"介于两者之间"或者"保持现状"。

举例 3，玩红黑游戏。

出黑牌的，站到我这边；

出红牌的，站到另一边；

当然，你也可以站在中间，说说意见。

肢体语言投票可谓乐趣十足，能活跃现场气氛，为演讲增添新意。更重要的是，它能快速收集大量信息，如果这些信息能支撑你接下来的观点，观众就会觉得你很神。

3. 要奖励（小礼品、抽奖）

为了鼓励观众和你互动，参与到你的演讲中来，可以给予奖励——小礼品、抽奖、加分，等等。比如奖励回答问题的观众，送签名书籍。

演讲者可提前将观众分组，或者现场临时分组，便于接下来分组讨论、抢答等有加分的环节。建议演讲现场布置成岛屿式，就是桌子的周围摆放座椅，组与组之间留出走路的间隔，使整体样式显现出一种小岛的形状，这样能营造出非常好的互动氛围。

我曾在 PPT 营销力线下课上做过手机号抽奖、转盘抽奖、红包抽奖等，这些方式在演讲的过渡环节可以玩一下。"好了，又到了激动人心的抽奖环节，谁会赢得大奖呢？"这时台下观众已按捺不住了。

　　传统的抽奖箱也有妙用，签到的时候你可以让客户或学员将名片投入抽奖箱，作为他们的抽奖券，抽奖结束后，你就可以通过名片知道参会人的联系方式了。

　　有一次我和我的老公去一家餐厅吃饭，驻唱歌手和乐队每到整点会和观众互动，让观众扫码参加摇一摇，手机摇得越快，排名越靠前。大屏幕实时展示前 10 名的过程与结果，送餐厅优惠券，我觉得这个好，就去问餐厅服务员用的什么软件，服务员告诉我是"hi 现场"。我立马就把这种方法用在了课堂上，趁中午大家犯困的时候进行，非常提神。

4. 要回声

说半截话，引导观众开口说另外半截。

　　听过演唱会的朋友一定不会陌生，每当歌手唱自己的成名曲，或者脍炙人口的歌曲时，到高潮部分都会与歌迷互动："下面这句我们一起唱好吗？"然后歌迷们就会一起唱出来，场面十分热烈。这种方法也适用于演讲。因为每个观众都有表达自己的愿望，都有倾诉、通过语言释放自我的需求，而演讲者要善于给观众提供这样的机会。

比如，我经常挂在嘴边的金句"珍爱生命，远离默认样式"，我会故意说上半截"珍爱生命……"，注意语速要比平常慢半拍，尤其是最后一个字，要拉得长长的。学员们会接下半截"远离默认样式"。在一来一往中，我和观众融为了一体。

再比如，某高校校长在一次演讲时说："同学们，你们说'天下兴亡'的下一句是什么？"（台下回应："匹夫有责。"）他更厉害，搭配神转折，接着说："不，是'我的责任'。如果今年高考每个人都额外加 10 分，那不等于没加吗？'天下兴亡，匹夫有责'等于大家无责。'匹夫有责'要改成'我的责任'。（掌声）'天下兴亡，我的责任'，唯有这个思想，我们的国家才有希望。我们每个学生如果人人都说：学校秩序不好，是我的责任；国家教育办不好，是我的责任；国家不强盛，我的责任……人人都能主动负责，天下哪有不兴盛的国家？"

5. 要托儿

这里说的"托儿"是褒义，是指那些在现场极度活跃、爱出风头的人。这些观众也是你演讲现场的"宝贝"，发现了，就要抓住，记住他们的名字，把话语权交给他们。他们会给你的演讲效果加分不少。

比如我课上讲审美，拿了我的一张照片举例，问为什么这张照片拍得好，各种回答都有，其中有学员就喊"Sophie 老师长得好"，这就是托儿。

这是假托儿，不是故意的。也可以故意安插真托儿，比如演讲者先跳了一段舞并问观众："有人知道我跳的是什么舞吗？"台下有各种回应，其中有个人叫道："广场舞！"台下哄堂大笑，气氛立刻轻松起来。这个人就是演讲者安排的真托儿。

托儿会调动现场的演讲气氛。因为你跟观众之间总会隔着一层纱，而托儿和观众是一伙的，中间没有任何阻隔。

再分享一个小技巧，发现托儿后，你可以直接调侃式地说出来，"这是我的托儿，结束后给你发红包啊"，其他观众一定会笑，现场演讲的氛围一定会被渲染得很好。然后呢？你再有针对性地去培养其他的托儿。一个一个的托儿，就会在你的演讲现场不断地涌现出来，演讲现场的所有人，都有可能会成为你的托儿。

顶级演讲者都是输出倒逼输入，越分享越成长

输出

学员曾经跟我说："Sophie 老师，咱 90 天践行，线上分享、线下演讲、写逐字稿、PPT 锦囊作业、脑洞作业……当时真的是受够了，但是现在上瘾了，站着能讲，坐着能写。您故意让我们输出、输出再输出，因为输出是最有效的学习，没有之一。"这个学员抓住了要点，因为听课只有输入，你只是"知道分子"，有输出，你才是"知识分子"。

写作、PPT、演讲、教会别人等都是输出。如果有一个演讲舞台，能让你讲点什么，那么你一定要站上去，这能让你有"小赢"的感觉。因为你上去讲，一定是会讲到自己精彩的人生，讲完你就想过更精彩的人生，然后去做更棒的演讲，然后去过更更精彩的人生，做更更棒的演讲……进入这个"正循环"，你就赢定了，人生就是积小赢为大赢。

倒逼

懒得动弹是人之常情。倒逼就是一种人为造势，让你不得不去做，把自己倒逼成"英雄"。

记得我陪同中国民俗摄影协会会长带着摄影师到河北曲阳——石雕艺术之乡采风。曲阳县政府临时召开会议来庆祝这次文化交流活动，邀请西班牙著名摄影师荷西发言，需要一个翻译，我都没多想就"倒逼"自己上了。我并没有 100% 的把握，当场翻译也就对了百分之六七十（也不能全怪我，西班牙人说英语，口音很重），会长却 120% 地把我夸赞了一番。再到后来，给联合国教科文总干事陪同翻译，会长想到的人

就是我，我的英语水平也噌噌噌地往上涨。

真的不是你行你上，而是你上你行。

输入

宋朝大诗人陆游给他儿子传授写诗的经验时说："汝果欲学诗，工夫在诗外。"你听完演讲赞叹"听君一席话，胜读十年书"，就是因为演讲者有大量的人生输入才能厚积薄发地输出——新颖独到的观点、幽默闪光的语言、令人茅塞顿开的故事。

怎么输入呢？

（1）收集"三金"到金库：金句子、金段子、金排版。

很多人演讲时无话可说，无非是、一没观点、二没素材。观点其实就是一个金句子，比如坚持——成功的路上并不拥挤，因为坚持的人不多。然后你再为每个观点积累两个素材——一个你自己的故事，一个别人的故事。别人的故事，比如拳王阿里赢在 0.01 秒的故事就够了。最后，你会发现，演讲就像搭积木一样有序省力，观点和素材都是现成的，难不倒你。

我曾经追俞敏洪的演讲，发现不管什么主题，"人生奋斗是一辈子的过程"也好，"大学要做的几件事"也好……他自己的故事总是那几个——高考了三次，才考进北大的故事；班上男女比例是 1 : 1，也没有女生看上他的故事；给老师们倒开水才认识徐小平的故事……他的演讲 80% 以上的内容是固定的，就是这些故事积木拼起来的。

所以我们平时就要有积累素材的习惯，我的印象笔记里有两个文件夹，分别是"金句子""金段子"，坚果云上还有一个"金排版"，也就是 PPT 页面设计。

当我看书、看文章或听学员 PPT 演讲秀的时候，只要遇到金句子、金段子、金排版这三金，就会像捡到真金子一样收集起来，并且不时地拿出来看一看、读一读。当我在准备 PPT 演讲、写文章或研发课程的时候，这些金句子、金段子、金排版就会从我脑子里蹦出来，或者被我从金库里搜出来。

（2）输入渠道推荐。

演讲类：央视的《开讲啦》、北京卫视的《我是演说家》、安徽卫视的《超级演说家》、TED 等。

段子类：《今晚 80 后脱口秀》《奇葩说》《吐槽大会》《金星脱口秀》等。

设计、文案类：花瓣网、站酷网、淘宝网（剁手前看看是哪个广告设计、哪句文案打动了你，能打动你的也能打动其他人）。

另外，历史、哲学类的书籍，都是非常好的智慧沉淀，能帮我们找到解决世界问题的钥匙。比如任正非 2012 年的新年讲话"华为要做到力出一孔，利出一孔"的思想，就来自于商鞅在《商君书》中提出的变法核心"利出一孔"。

以前在秦国，想升官发财只有一条路，就是从事"耕战"——种地和打仗。读书、做生意甚至连之前的贵族都被打压，这样你就知道商鞅为什么遭到贵族嫉恨了。但就是这个"利出一孔"，最终使秦国横扫六国，实现统一。

我曾经看《新周刊》以"跳槽之计在于春"为题发布招聘广告，对内容编辑的岗位要求，除了学历、专业等硬条件之外，还有一个"证明材料"要求你列出对你价值观影响最大的五本书，以及你最近读过的三本书。这个创意真的超赞，读什么样的书就是什么样的人。

留个作业：把倒逼自己读的一本书设计成读书笔记 PPT 和 10 分钟分享，发送到《PPT 演讲力》读者群。

第六章

PPT

演讲细节与
意外应对技巧

写稿？背稿？念稿？六步准备高光演讲

没有准备的演讲也是一种准备，那就是准备去输。

我很讨厌一些人，你问他："为什么你的演讲这么厉害？"他不会大大方方告诉你，他们曾经在台下苦练过，反而遮遮掩掩地说一些其他的答案，让别人误以为他之所以这么厉害，是因为他天赋好、本事大。在我看来，这完全就是故弄玄虚。我只想开诚布公地告诉渴望学好 PPT 演讲的同学们一个基本的观点：所有演讲者在台上大放光彩，都是在台下勤学苦练的结果。

演讲前的正确准备方式是什么？是不是就是写稿、背稿？

不不不，只有严格按照以下六步准备①，你的表现才会大放光彩。

---

① 本节内容部分参考了知乎上拾余的文章《演讲前的正确准备方式是什么？到底要不要背逐字稿》。

1. 写逐字稿

写逐字稿就是把你要说的每一句话、每一个字都写下来。据说逐字稿是新东方老师发明的备课方法，他们的备课稿都是几十万字，完全可以出书了。所以你会发现从新东方出来的老师——罗永浩、李笑来、李尚龙……演讲能力都很牛，人家是硬功夫。

注意，写逐字稿不是为了背逐字稿，只是让你对要讲的内容心里有数。相信我，你脑袋里想讲的和最终嘴巴里实际说的，完全是两码事。

写逐字稿还有一个好处：帮你掌控演讲时间。一般人一分钟能讲200字，根据你的演讲时间，你可以大致估算出来你需要准备多少字的逐字稿，比如我们18分钟的PPT演讲秀，逐字稿建议在3600字左右。同时，这篇逐字稿还能顺带发表成文章，一举两得，何乐而不为呢?

2. 对着 PPT 念两遍逐字稿

你可以自己单独在房间内进行，这是为了让PPT和逐字稿对上，顺便打磨逐字稿，让思路更清晰，表达更精准，避免听起来就像念稿子。你要对逐字稿做"三改"。

一改：将书面语改为口语。

把那些念起来有违和感的书面语改为口语，比如"一元五角"要改成"一块五"。

二改：将长句改为短句。

鲁迅、闻一多等的演讲，其句子的长度一般均在8个字左右。

三改：将单音词改为双音词。

比如曾—曾经，已—已经，因—因为，时—时候，"当我走上演讲台时"就不如说"当我走上演讲台的时候"。单音词声音短促，不容易听清楚；双音词声音存在的时间长，留给观众的印象深。

3. 脱稿讲三遍

不要一板一眼地背稿，这会有点假、有点傻；要按照"树枝"逻辑走，不拘泥于一词一句。这就好像武学的最高境界是"无招胜有招"，脱稿的最高境界是"无稿胜有稿"。

需要重点下功夫的地方是：

（1）开场白，尽量完整背下开场前 3 分钟的内容，因为你不是从头到尾都紧张，刚开始最紧张，前 3 分钟完美过渡，后面就如有神助了；

（2）金句子、金段子；

（3）结尾。

4. 手机录音讲一遍

前三步是为了保证上台不忘词，也就是练习演讲 3V 理论中所讲的语言（Verbal），这一步我们练习的是听觉（Vocal）——语音语调，下一步可想而知就是视觉（Visual）——身体语言。你要知道，语言只占演讲表现的 7%，听觉占 38%，视觉占 55%。

听觉（Vocal）　　视觉（Visual）　　语言（Verbal）

你可以试试用手机录音，录完之后听一下，是不是哪里卡壳？是不是越讲越快？是不是哪个地方还可以再有感情、激情一些？再重点练几遍。

在我们线下课 90 天践行里，每月会有一次线下的 PPT 演讲秀，还会直播录像。很多学员跟找说："Sophie 老师，我怎么看自己这么恶心。"这就对了，恶心完你就再也不会晃啊抖啊、"嗯呀啊呀呀"，伸一根手指对观众，等等。你自己根本不知道，只有站在旁观者的角度才能真正全面清醒地看到自己的表现。

5. 对着别人讲一遍

这一步练习的就是练习视觉（Visual）——身体语言。拉上你的好友、同事或老公 / 老婆听你讲一遍。这是你登上演讲台之前，最接近真实场合的一次演讲。要征求他们的反馈意见。

注意你不能问他们："你觉得我的演讲怎么样？"他们肯定会说"很好""不错"，这些反馈对你没有帮助。对你有帮助的问题清单如下。

- ☐ 我想表达的重点是什么？（如果他们没有说出你演讲的主题，那么你必须重新考虑演讲稿的结构。）
- ☐ 哪部分内容你听得最嗨，哪部分你听得乏味或混乱？（嗨的取；乏味的舍，或者对其进行打磨。）
- ☐ 我的演讲开头吸引你吗？
- ☐ 我听上去像是在念稿子吗？
- ☐ 我的段子够幽默吗？听起来很牵强吗？
- ☐ 我的 PPT 设计如何？它们对演讲有帮助还是有妨碍？

☐ 我有没有令人讨厌的小动作？

☐ 我有没有超时？

6. 提前到现场再过一遍逐字稿

你最好跟观众聊天，最好是前排的，选择坐前排肯定是最喜爱你的人，对演讲最感兴趣。

"你叫什么名字呀？"

"你是做什么的呀？"

"你为什么来听我的演讲呀？"

三连问，聊完你就有"熟人"了，就能把一次"吓人"的公众演讲变成轻松的"私人"谈话了，前排观众的捧场会带动所有观众的气氛。你还可以把其中一些人的名字、故事放进你的演讲里，这样和观众就更亲密无间了。

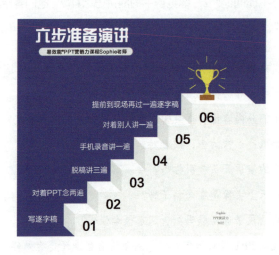

雷军是如何准备小米产品发布会的PPT演讲的呢？

"（逐字稿和PPT）一般会写一个月到一个半月，我自己每天会花四五个小时，一般会改100遍以上，每一张（PPT）都要求是海报级的。写完了稿子以后，要推敲每5分钟观众会不会有掌声，每10分钟观众会不会累，我们是应该插短片还是插段子，还是插图片，怎么调动全场气氛，怎么能确保这个发布会一个半小时能结束。我一个人从头讲到尾，保证那一个半小时里面，能让观众觉得全场无'尿点'。"

……

"同样是发布会，我准备已经够认真了，后来看乔布斯是怎么做的时，我发现我疯了。乔布斯会把那个会场租下来两个星期——我们没钱，我们只能租两天。"

在乔布斯面前，我们的PPT演讲准备都是浮云。所以某些企业的产品发布会每次只准备2到3个小时，然后就裸奔上台，让人昏昏欲睡也就不足为奇了。

所以我对大家的最低要求是：不排练这六步，决不上台演讲。

另外你一定要抓住所有可以"说"的机会，提前准备。我们有学员刚考上大学，拿到录取通知书，我就跟他说，你可以准备你的大学新生发言了。新学校、新老师、新同学，介绍你自己是必有的环节，提早准备的你就很容易脱颖而出。每一次当众讲话的机会，都是推销自己的机会，你岂能放过！准备准备再准备，练习练习再练习，全力以赴把每次讲话的"现场直播"水平发挥到极致。

留个作业：到《PPT演讲力》读者群找教练报名观摩一次PPT演讲秀。

卡壳儿了、设备坏了……怎么办？演讲现场突发状况化解方法大全

演讲不像是拍电影，你无法叫停，也不能重新再来。所以，演讲者就要有"救场"的准备，从容面对，巧妙逆转。

百度 CEO 李彦宏在北京国家会议中心演讲时，突然被人从头上倒了一瓶矿泉水，上了热搜。评论者有的幸灾乐祸，有的觉得无所谓。而我想问，如果你是李彦宏，你该怎么办？

李彦宏毕竟是老江湖了，他的应变可以说是教科书级别的——先是停顿了几秒，然后用英语问道那句著名的"What's your problem？"随后，李彦宏继续演讲并调侃道："在 AI 前进的道路上还会有各种各样想象不到的事情发生，但我们前进的决心不会变。"赞。台下响起了掌声，还有人在喊"李彦宏加油"。

我们可以给李彦宏的应变加个三点式逻辑，比如"大家看到了，在

AI 前进的道路上会出现各种想不到的事情。在成功道路上要历经'三水'——冷水、汗水、泪水。冷水是别人泼的，汗水是自己流的，泪水是被不理解的。但是我相信不管什么样的水，永远浇灭不了 AI 发展的熊熊烈火，百度将会一如既往地在 AI 发展方面贡献自己最大的力量！"这样是不是更完美？

PPT 演讲中还有可能遭遇什么样的突发状况呢？我帮大家总结了七个常见情境，下面带着大家一一化解。

忘词了怎么办

忘词都是因为准备不足，所以你一定要好好准备，这是治本。治标也有办法，比如你可以说："对不起，有个很严肃的事情想要和大家说一下，由于台下帅哥美女太多，看得我眼花缭乱——所以，我忘词了！……"巧用幽默，就能把忘词的尴尬盖掉。

再比如，有时候想一个人名或者专业术语等，怎么想都想不起来，你可以停下来，说上一句"你懂的"，既化解了尴尬，又增加了自己的幽默感。

话筒突然没声了怎么办

讲着讲着，话筒突然没有声音了，这时你就只管提高自己的嗓门继续讲，中间不要有明显的停顿，现场会有人帮你处理麦克风问题，无需你的提醒。如果没有，只能说你身边都是猪队友。

易烊千玺在音乐会现场，话筒居然坏了，但是他表现得非常淡定，居然是扯着嗓子唱完了整首歌，虽然有些观众听不到他唱歌，但是看到他卖力的样子，很多粉丝都非常心疼。他这样的应对方式，又让他圈粉无数。

记得一次在 PPT 营销力教练团晨会上，教练小灶分享时突然掉线，干等很尴尬，晓明教练就随机应变提出"是时候来一波弹幕了"，大家跟着转发，不久分享教练重新上线，无缝衔接，甚是美妙。

PPT 播不出来怎么办

碰到这个问题，不要慌，在第一时间先把实情告诉观众："天呐，设备坏了，PPT 播不了了。"观众会理解你的处境。然后，幽默地"安慰"一下观众："接下来，看我，我的脸就是屏幕，如果有不想看我的，也忍忍，工作人员正在全力抢救你们的 PPT。"

再比如我们的学员在一个技术交流会上，PPT 播不出来了。她故意走到台中间向大家鞠了一躬说道："台下的都是前辈，PPT 和晚辈我一样紧张卡住了，这可以让大家多看我一眼，记住有这么一位晚辈钦佩你们。"观众热烈鼓掌、竖大拇指。当天晚宴上她成了很多人的话题，加了很多行业前辈为微信好友。

避免设备出问题的最好方法就是提前检查（参考"观众画像：在哪里讲"）。

时间到了还没有说完准备的内容怎么办

想讲的内容太多，往往影响整个演讲的节奏。有的演讲者准备了太多干货，一直在火急火燎地播放 PPT，语速也像机关枪一样，基本是在最后 5 分钟匆匆讲完剩下的内容的，明显头重脚轻。怎么办呢？

实在讲不完，就不要讲完。比如你的演讲原本要讲 10 个点，你就把其中最重要的 3 个点讲好，剩下那 7 点完全可以附在最后一页 PPT 上，作为延伸练习或推荐内容，让他们在结束后主动自学，或者继续追随你付费学习。

　　或者在演讲的一开始，列出这 10 点，然后问观众对哪个点最感兴趣，针对他们的选择再开讲。讲完一个点之后，回到 10 个主题那一页，让他们再选下一个。直到用完时间，这样能保证你讲的都是观众最想听的。

上台摔倒怎么办

　　我就真摔倒过，因为我们 PPT 营销力线下课程要带电脑操练，满教室都是插板、电脑线。开场主持人介绍完我，工作人员开门迎我入场，刚进门，激动啊，没注意脚下，就被电线绊倒，硬摔到地上。太尴尬了，我也很佩服我自己，我非常优雅地爬了起来，接着说："谢谢谢谢亲们，真的是为你们的热情倾倒。"观众们的掌声、笑声一下就在教室里沸腾了。

　　再比如，美国女演员雷莉·布丝在颁奖活动中着急上台，台阶绊了一下脚，险些跌倒在地，只见她不慌不忙地稳住了身体，站在舞台中央，平静地说："女士们，先生们，你们刚才看到了，我是经历了什么样的坎坷，才站到今天这个舞台上的。"全场观众顿时掌声如潮。

停电怎么办

　　我曾经参加过一个婚礼，现场突然停电了，主持人超级厉害，他让现场所有的观众拿出手机，打开手电筒一起为新人照亮他们的幸福之路，这比有电还浪漫。我们也可以借鉴参考，让观众照亮你的舞台梦。

冷场怎么办

当观众对你的演讲无动于衷时，你应主动走到观众中间，一边注视着他们，一边说跟他们有关的内容，比如"接下来我分享的方法，会帮助大家很快突破演讲中的紧张……"把大家的注意力拉回来。

或者在一开始就给观众埋一颗"定时炸弹"。比如说："为了保证大家能收获更多，我设计了三个上台实战演练的环节，加分哦，或者送礼物，具体是什么我先不剧透，也不知道哪三位同学能中奖。你们准备好了吗？Ready Go！"这样观众都必须认真听了，他们不知道什么时候会被你叫上来，所以会始终保持注意力，而且又想要加分或礼物。就像我们上学时候，最怕被老师突然点名提问，所以不认真听都不行。

记住，遇到突发状况始终把握一个原则，尽量不要停下来，也不要将事态扩大，比如被泼水，你不能泼回去或打回去，否则都会让事态升级。在我看来，演讲者遇到突发状况，最好也是最重要的策略，就是稳住，停顿几秒之后快速思考应变的语言，同时在心里一定要告诉自己"不要慌，不要慌"，然后临场植入一个跟突发状况、演讲主题和现场观众有关的回应，上上策是用幽默破局，两三句带过去之后继续你的演讲。

留个作业：你还遇到过什么样的突发状况？你是如何搞定的或想知道如何搞定吗？发送到《PPT 演讲力》读者群。